天
Borderless
下

天下，在乎正义和你

法窓夜話

法窗夜话

[日]穗積陳重 著
曾玉婷 魏磊杰 译

法律出版社
LAW PRESS · CHINA
北京

穗积陈重（1855–1926年）

穗积陈重 |1855—1926年|

日本近代法律的主要奠基人，日本民法典的主要起草人，明治、大正时期著名法学家、政治家。先后就读于日本东京帝国大学、英国伦敦大学、德国柏林洪堡大学。1881年学成回国，入东京大学法学部担任讲师，在日本历史上第一次开设“法理学”课程。次年2月，升任教授兼法学部长。1890年入选日本贵族院议员，1915年被授予“男爵”称号，1917年担任日本学术界最高地位的学士院院长一职，1925年出任枢密院议长。一生著作甚丰，主要代表作：《法律进化论》《复仇与法律》《法窗夜话》《法典论》《隐居论》《五人组制度论》《实名敬避俗研究》《法典论》《祖先崇拜与日本法》（英文）等。

爱媛县宇和岛市穗积桥纪念碑（昭和四年立）碑文（“与其铸成铜像人敬仰，老生毋宁俯身为桥渡万人。”）乃穗积陈重生前所嘱之语，充分彰显了其为人为学之风骨。

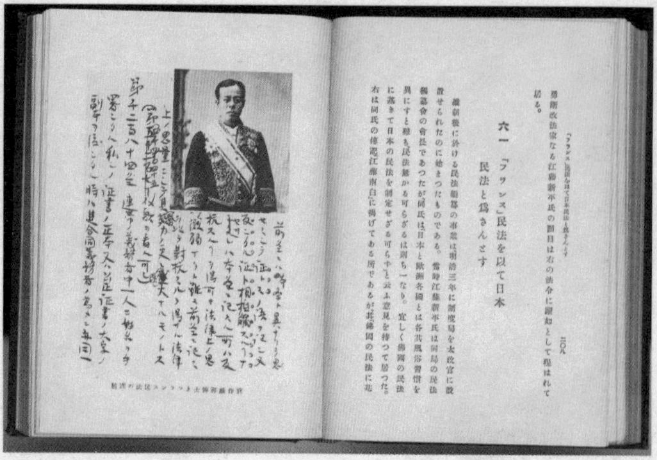
「フランス」民法を以て日本民法と爲さんとす　二〇八
勇斷改法家なる江藤新平氏の面目は右の法令に躍如として現はれて居る。
六一　「フランス」民法を以て日本民法と爲さんとす
維新後に於ける民法編纂の事業は明治三年に制度局を太政官に設置せられたのに始まつたものである。當時江藤新平氏は同局の民法編纂會の會長であつたが同氏は「日本と歐洲各國とは各其風俗習慣を異にすと雖も民法無かる可らざるは則ち一なり。宜しく佛國の民法に基きて日本の民法を制定せざる可らず」と云ふ意見を持つて居つた。右は同氏の傳記江藤南白に掲げてある所であるが其佛國の民法に基

《法窗夜话》初版书影

穗积陈重家族合影（大正元年）

穗积陈重家族合影（大正七年）

穗积陈重与涩泽家族合影（明治三十四年）三排左侧者为穗积陈重，对应二排左侧者为其长子穗积重远；后排居中者为其岳父，被誉为“日本企业之父”的大实业家涩泽荣一，紧靠左侧者为陈重夫人穗积歌子。

序

父亲喜好讲古。幼年时，父亲时常为我讲桃太郎、大江山抓鬼等故事。我渐渐长大，父亲口中的儿童故事便日渐减少，当我成为法科大学生时，法律故事便取而代之。但父亲并不讲很难的法理，或复杂的权利义务，只因我在校早已耳濡目染，故父亲尽量避而不谈。父亲所喜好的，是法律史上的轶事、珍谈、古代法律中的奇妙规则、惯习、法学家的逸事，以及如大岗裁决等奇珍异闻。每晚十点，是父亲与我心照不宣的一个特殊时间，我满心期盼这个讲古的时刻，或许也是欣喜于可暂不学习，我总是迫不及待地去父亲的书斋叩门。父亲此时亦些许倦于读书、劳于执笔，总会立即搁笔离席。若为寒冬，则围坐火炉，若为炎夏，则并坐凉台，两人随意品饮茶点与茶水，父亲将各色法律故事娓娓道来，天马行空，不拘顺序，亦不在意相互联系。我被这些故事深深吸引，仿佛幼时听桃太郎、大江山般津津有味，然而遗憾的是，却无法如彼时一般，故事可无限重复直至牢记。若过耳即忘，甚为可惜，于是我一得闲，便根据记忆，以笔记之。此举本为一消遣，可久而久之，我便借机建议父亲将这些杂谈收录成册，父亲亦欣然同意，于是，在我留洋之后，父亲或口述，请文学学士田中秀央君与植木直一郎君记录，或亲笔，共写成长短数百篇。再从中选取百篇，便集成此书《法窗夜话》第一辑。如我上文所述，这些故事乃两人消乏解困之席间茶话，桃太郎、大江山等故事之变形而已，内多有家喻户晓之故事，且遗漏、误谬之处恐亦不少，尚祈读者诸君见谅。

提起桃太郎，我想起曾于英国读过著名的《爱丽丝漫游仙境》。故事琐碎繁杂，情节早已忘记大半，却唯独记得一个场景，一群动物不知何故浑身濡湿，瑟瑟发抖，互相询问是否有干燥（dry）皮毛之法。此时，一鼠煞有介事地咳嗽一声，说道："征服者威廉不仅在外有教皇后援，在内亦有民众支持，英国人民素来习惯篡夺征服一事，且渴望君主，故当时人们立即响应追随。"众动物一听此言，不禁瞠目结舌，难道这就是干燥皮毛之法？鼠先生装模作样回答道："因为故事很枯燥（dry）啊！"连历史故事都有枯燥之嫌，更何况法律故事？然而，法律与道德宗教并列为人生之大法则，倘若人生并非索然无味，则法律故事亦如是。父亲出版此杂谈集，兴许就是要洗刷法律枯燥无趣之冤名。只是本书不足为辩，亦无笔资，恐怕只能做干燥濡鼠之用。

穗积重远

大正四年七月

英国伦敦

目 录

一、 帕比尼安拒拟旨

士之最重者，节义也。仗其而立，基其而动，向其而进。节义之所存，赴汤蹈火在所不辞；节义之所欠，王侯之威不能屈，猗顿之富亦不可诱，甫称其为士。学者实为士中之士。阐明未发真理、引导一世知识之人，学者也。讲论学理之蕴奥、培养天下人才之人，学者也。堂堂正论，示政客以施政方针，谔谔谠论，授万众以处世大道，皆学者之任务也。自认学者之人，若无舍命为学理之觉悟，何以堪此大任？学者眼中，有学理，无利害。学理之前，区区地位、微许钱财何足道哉？学理之所存即节义之所存。

古罗马皇帝卡拉卡拉无故杀害其弟格塔，随即召见大法学家帕比尼安（Papinianus），命其曰："朕今日赐死格塔，汝宜想其理由，起草罪案。"帝声色俱厉，有迅雷即来、风云大动之概。帕比尼安闻之肃然正容，答曰："已杀无辜之人，尚犹不足，更欲诬其罪恶，实乃二次谋杀也。为弑亲罪辩护难，难于犯此罪行。若陛下欲以此大恶污臣之笔，须先赐臣一死。”言毕，神色自若。满廷朝臣大惊失色，诚惶诚恐，而皇帝瞬时震怒，万雷一时激发：“咄！汝腐儒！朕许汝望！”暴君令下，如严霜烈日。白刃一闪，绝世高士身首异处。

帕比尼安乃罗马法学巨擘。狄奥多西二世皇帝之《引证法》中规定，帕比尼安、保罗、乌尔比安、盖尤斯、莫迪斯汀五位法学家之学说具有法律效力，每遇问题，依多数而定，若有疑虑或人数相同，应从帕比尼安之学说。由此可知，当时法曹之中，帕比尼安所占地位之卓然。然而，吾人之所以尊崇帕比尼安，非仅存于学识之上。其毅然决绝之节义，方值得吾人尊敬。硕学之人易得，兼高风亮节之人难求。西有帕比尼安，坚持正义，无所畏惧，不惜为学理身首异处。东有明朝硕儒方孝孺，于燕王成祖面前投笔于地，绝叫：“死即死耳，诏不可草。”聊以强吾人之信心。吾人愿与居雅斯（Cujacius）一道将“法律保护神”“万世法律宗师”之赞辞奉于大法学家帕比尼安之前。吉本（Gibbon）在《罗马帝国衰亡史》中写道：

> 帕比尼安严正地答复道：“为弑亲罪辩护难，难于犯此罪行。”他毫不犹豫地在死亡与真理之

间做出选择，此等大无畏之精神使其置身于宫廷内斗之外，保持纯洁与清白，亦不舍弃自己应有之立场与原则。较之其拥有之职位、浩繁之著述及身为法学家在罗马法史上享有之尊荣，这更使帕比尼安之大名永垂不朽。

帕比尼安之死

帕比尼安像（马德里西班牙最高法院）

二、 哈乃斐却职

伊斯兰教之教法学派一分为四，分别为哈乃斐学派、马立克学派、沙斐仪学派以及罕百里学派，皆以创始人之名命名。创始人四大家，皆为知名学者，其中尤推哈乃斐之学识古今卓绝，人人称之为“神授之才”。哈乃斐曾令论敌沙斐仪感叹：“彼之学识，学而不及。”亦令马立克惊诧：“彼若指木柱为金柱，以彼之智辩，可轻易论证之。”由此可知，哈乃斐如何一时风靡。

哈乃斐立志将此“神授之才”奉与法学研究，决不为利禄名声而移志。时任库法（kufa）总督的耶济德闻其令名，欲授其判官之职，然哈乃斐拒不接受。厚聘卑辞，再三聘请，仍固辞不受。总督至此勃然大怒，誓必使腐儒俯首称臣，遂逮捕哈乃斐至市集，每日笞打十杖，及第十日，仍固执不为所动，总督亦目瞪口呆，终将其放免。

此后数年，同一命运再次袭来。阿巴斯帝国哈里发二世召其入巴格达，倾听其说，拟荣授其为判官。然其志匪石，不可转也。暴君忽骤发怒，投其入狱，绝世法学家之矜贵一命，遂在囹圄之中殒殁。

罗马法学之神帕比尼安誓不起草诬枉之诏，守节而死；伊斯兰教法学之神哈乃斐却绝荣授；以死贯其志。学者一度立志，必轩冕不能诱，鼎镬不能胁。匹夫之志不可夺，何况法学家乎。

三、 神圣御玺

国王之御玺，乃公证君意之重要物品，司掌御玺者责任之大，自不待言。故掌管御玺之官职，在任一国度，皆为至高要职。在英国，掌印大臣素有“国王良心的守护者”（Keeper of the King’ Conscience）之称，因此，若君王欲颁布违宪诏书、敕书，掌印大臣负有谏止之职责。在法国，有如下两则相关掌印大臣之美谈。

查理七世意欲特赦一杀人犯宠臣，召见掌印大臣莫尔维利耶尔（Morvilliers），令其于敕赦状上钤盖御玺。莫尔维利耶尔以为该赦免不法，拒不钤印，王怒，曰：“御玺乃朕之物也。”遂自大臣手中夺走御玺，亲自钤印敕赦状后，复又返还。然莫尔维利耶尔不受，俨然启奏请辞：“陛下，御玺两度赐臣至高荣耀。其一为过去陛下授臣御玺之际。其二为今日臣不受陛下御玺之时。”

路易十四欲特赦一贵族佞臣之重罪，掌印大臣伏瓦辛（Voisin）尽言语谏诤，然王拒不采纳，强令其带来御玺，亲自钤印赦书后，复又返还。伏瓦辛声色俱激，直言不讳："陛下，御玺既已玷污，臣无法受此御玺之寄托。"言毕，推还桌上御玺，以示断然辞职之决意。王曰："顽固之人也。"并投赦免敕书于火。伏瓦辛见之，和颜悦色，奏曰："陛下，火可清诸秽。御玺还复洁净，臣仍旧可掌管御玺。"

如伏瓦辛之人，可谓辅佐君王成尧舜者也。

四、 有其父必有其子

和气清麻吕第五子和气真纲[①]参议，资性忠直敦厚之人。某日法隆寺之僧善恺状告少纳言登美真人直名[②]，判官受理并审判之。然同僚中有左袒直名之人，反依“斗讼律”告善恺不实之罪。于是乎判官先命明法博士[③]考断不实罪之有无，然博士畏避少纳言之权威，未能做正当答申。真纲愤慨于此，曰：“尘起之路，行人掩目，枉法之场，

---

① 和气真纲（783～846年）：平安时代初期贵族，公元840年成为参议，终生笃信佛教。参议是日本古官名，次于大纳言、中纳言的要职，相当于宰相。——译注

② 少纳言：日本古官名，自奈良时代所创，共有三位定员，负责诏敕宣下的工作，与大纳言、中纳言不同，少纳言奏宣小事、次要之议；另外负责天皇御玺的雕刻及太政官印的处理。——译注

③ 明法博士：日本古代在大学寮（培养贵族子弟成为官吏的学院和研究机构）教授法学的教官。明法，是指在大学寮进行的对法律、法令的研究，相当于现今的法学。——译注

孤直有何益，不如去职，早入冥冥。”言毕，山门固闭，无病而卒。此事见《续日本后纪》[①] 卷十六。

① 《续日本后纪》：全 20 卷，藤原良房、春澄善绳、伴善男、安野丰道等人奉敕撰写，述仁明天皇一代事，为六国史之第四部。始于天长十年二月二十八日（公元 833 年 3 月 26 日）受禅，止于嘉祥三年三月二十五日（公元 850 年 5 月 14 日）大葬，是平安时代由天子亲政至摄关政治转换期的基本史料。——译注

五、 狄奥克勒斯死于自立之法

狄奥克勒斯（Diocles）为叙拉古（Siracusa）的立法者，当时民会[①]时有争斗杀伤事件，他立法严禁携兵器临民会，违者处以死刑。某日，狄奥克勒斯听闻敌军逼近国境，执剑而起，欲赴战场指挥防卫军，途中偶然获知有人于民会商议内乱，遂立即调转，赶赴民会镇抚此事。

狄奥克勒斯抵达民会，正欲向会众发言，一叛民忽立而高呼："看！狄奥克勒斯佩剑临民会！自立之法已破焉！"狄奥克勒斯听之方察觉，事出突然，不想却破了法禁，不及出言镇抚内乱，便高呼："诚然。吾非踌躇行自立之法之徒也！"剑直贯胸，当场倒毙。

---

① 民会：古希腊的市民总会。——译注

此等至诚殉法之一语，较之谕民会之百万言，为推翻叛意更具殊效。

古希腊立法者卡隆达斯（Charondas）殆有此同一传说，此两者间有关系否，尚未闻之。

六、 苏格拉底遗世教诲

圣人苏格拉底遗留予世人之教诲，关乎国法之威严。

2300 年前，苏格拉底以单衣跣足之态，现身于昌明隆盛之邦希腊雅典，混迹于人群喧嚣处，以其独特诘问法，教育颇为自负的雅典市民，尤以教导少年为己任。苏格拉底绝非以一世之师自居，而欲与大众探究永恒至善为何物。然俗众大多不解其真意，谓其伤己之自尊，颇有怨言，遂寻机告发苏格拉底提倡新教，颠覆国教，且卖弄诡辩毒害少年。

于是乎，莫勒图斯、阿努图斯对其大加诬蔑，蒙蔽雅典市民。审判漫长且艰辛，圣人苏格拉底终被判死刑。

执刑前夕，其弟子克力同起早探视，欲劝先生逃监，以免此不义之刑。至监牢，见先生正安然熟睡。克力同见先生死期将至仍晏然自若，不禁感叹万分，静候先生在侧，待其醒来，劝其出逃。

克力同极力劝说，云审判如何不公，刑罚如何不义，先生尚可保命却自投死地，舍弃生机，岂非恶事乎！如今先生甘愿就刑，则正中敌人奸计。此时抛妻弃子，亦有悖先生平素之垂训——无法教养子女者不可生子也。况且此等出逃既非难事亦无危险，若不尝试，终归非善勇之举。先生常言贵乎德义，不善不勇之行非先生之所为也。自己与先生亦师亦友，因先生之故，亦因己之故，不堪惭愧之念。末了，克力同急言之曰：

> 恳请先生三思。不，如今已非三思之时，望先生速速决断。如今唯此可行，且行之当于今夜。若错失良机，后悔莫及。先生！苏格拉底先生！请听弟子一劝！

情深意切的克力同竭力劝师出逃。苏格拉底静心聆听爱徒肺腑之语，徐徐开口答曰：

> 亲爱的克力同，汝之热心，若为正，其价值不可估量。然，若为不正，汝之热心愈炽，其所随之险岂不愈大？汝所劝之逃监，余当先判断其正确与否。余至今所行之事，皆深思熟虑，尔后

择最佳之理而从之。如今虽厄运突降，唯余主张之理不可弃。窃以为此些道理亘古不变，余往日主张、尊重之事，现仍如故。

生存以善为贵，而非得过且过。害于人而后害人，不过是以恶报恶，绝非正义。诚依汝所言，纵然雅典市民罚余于不义，余亦不可因一己私仇而贻害他人。假若余意欲出逃之际，法律或国家责问余曰：‘苏格拉底，汝正何为？汝意图逃监，岂非竭力破坏法律及国家耶？汝以为一国之裁决无威信可言，任人侮辱、蹂躏，国可立足而免灭亡乎？’克力同，我等当如何作答？

苏格拉底而后将国家及法律拟人设问，论述国法所重之事，以一己之见犯法，即是颠覆国之根基。苏格拉底谓克力同曰：“余可否答曰：‘国以不义之裁决加害于吾’？”

克力同答曰：“然也。”

苏格拉底言曰：

既然如此，若法律再问：‘苏格拉底，汝之答复果真为我等彼此间所固之契约乎？与汝之契约，乃国家宣告裁决生效，不管其如何，汝当从之，岂非此乎？’我等当如何作答？

苏格拉底与克力同辩驳，无论法律好坏与否，无论裁决正确与否，既然无从更改，违法便于德义上为不义之举。他继而自比法律言之曰：

> 倘若本邦市民或对国法心生不满，法律许其携妻带子自行离开，任意迁往他地。苏格拉底，如今汝熟知本邦政法且居留此地，是否表示汝服从国法？汝与国法有此默契，一旦国法执行于己不利，便急于毁约，岂非不义之举？汝如此深爱故土，除却观摩地峡赛会①（Isthmian Games）而离乡、外出征战而去国，汝出外之数甚至少于跛足、眼盲之人，汝满意与国法所固之契约足可证矣。且此契约非他人强制，亦非仓促成立，若汝嫌弃此国法，或认为契约不公，七十年间，汝皆可离去，而汝并无此举，如今反意欲打破国法，岂非背离当初之默契？

苏格拉底详述心中信念，云倘若无视彼此间之契约，正义当如何？天下后世有识之士之嗤笑当如何？若听从克

① 古希腊有四大赛会，即奥林匹克赛会（Olympic）、皮同赛会（Python Games）、地峡赛会（Isthmian Games）、内米亚赛会（Nemean Games）。——译注

力同劝言而逃监，必给后人遗留恶例，且落人话柄，反而亲自证实诽谤者所言不虚，苏格拉底果真为毒害少年思想之人。

苏格拉底进而语之曰："勿忘正义而思子嗣。勿后正义而先生命。勿轻正义而重琐事。"

苏格拉底滔滔数千言，谆谆教导克力同应重正义而不可轻法律，并剖析逃监之过，克力同终被说服，再无二话。

苏格拉底之死

七、 圣人的义务之心

大哲人苏格拉底从容饮鸩就死之际，友人门徒多陪侍在侧，既伤感恩师亡逝，亦惊叹其人格之伟岸。

苏格拉底饮下鸩毒，暂可踱步室内，与门徒闲话如常，仿佛不觉死亡逼近。未几，毒始发作，足部发冷，愈发沉重，且知觉渐失。苏格拉底早前自一狱卒处听闻，鸩毒者，皆自足尖发作，后逐渐上行，遂再三碰触躯体，感知其渐趋麻木。且听闻，鸩毒行至心脏，人遂亡。苏格拉底始觉股已毒至，忽揭开面上之罩巾，望向克力同，语之曰：

“克力同，余仍欠阿斯克雷皮阿斯一鸡也，勿忘偿还之。”（柏拉图《斐多篇》第六十六章）①

---

① 关于苏格拉底临终前的最后一句话，目前公认有两种说法，一是苏格拉底有位邻居叫阿斯克雷皮阿斯，苏格拉底曾欠他一只鸡的债。另一种说法则认为阿斯克雷皮阿斯（Asclepius）是指古希腊医药之神，苏格拉底让克力同拿一只鸡作为贡品，向医药之神献祭，感谢神用死亡治愈了人生的疾病。——译注

呜呼，此乃圣人苏格拉底临终遗言也，躬行实践何为“应尽义务”。

柏拉图于《斐多篇》结尾处写道：“彼实乃古今至善、至贤、至正之人也。”

八、 副岛种臣与大逆之罪

明治二年（1869），刑法官（如今之司法省）内设新律编修局，责令水本保太郎（又名水本成美）、长野文炳、鹤田弥太郎（又名鹤田皓）、村田虎之助（又名村田保）为新律先行调查。诸位委员遂参酌大宝律令、唐律、明律、清律等起草新律，同年八九月，草案初成，时任参议的副岛种臣翻而阅之，至《贼盗律》，谋反、大逆之罪赫然在目，副岛忽慨然大喝："如本邦之国体万国卓越、皇统连绵、自古无人觊觎社稷之国，全然无需如此不祥之罪。速削除之。"委员听命，悉数除去草案中相关罪名，翌年十二月，题为《新律纲领》颁行。昔日希腊雅典曾忖度世间断无弑亲之人，故不设弑亲之罪，两者颇有异曲同工之妙（Manby v. Scot, Smith's Leading Cases）。此外，据希罗多德之书《历史》所载，古代波斯亦有相仿之处，众人皆以为，世上岂有杀嫡父嫡母之人，纵然有子偶为之，亦为私生，而非亲生。

明治六年（1873）五月《改定律例》颁布，其中亦无谋反、大逆之罪。此后，法国人布瓦索纳德受大木司法卿之命，草拟刑法草案，于明治十年（1877）十月脱稿，同年十二月，元老院内设刑法草案审查局，伊藤博文为总裁，并任命审查委员，审议其草案。

然而，草案第二编第一章有侵犯皇室罪，第二章有内乱罪，此等罪名之存否，已然成为委员头疼之大事。末了，委员将此事呈报政府，叩请裁决。明治十一年（1878）二月二十七日，伊藤总裁亲临审查局传达口谕，内阁已上奏，决定保留侵犯皇室罪及内乱罪。依此，明治十三年（1880）刑法颁行以来，刑典中皆可见侵犯皇室罪及国事罪。

明治时代的政治家副岛种臣（1828～1905 年）

九、 大津事件

法之疏密，有利有害，难以一概而断言。但如刑法，乃无明文规定不处罚之法律也，事极重大者，纵然几无发生之可能，亦须先设规定，此番道理可从大津事件及幸德事件①中得以窥见。前文中已尽述，侵犯皇室罪曾一度依副岛公之言削除，后复依伊藤公之见重设，幸德大逆事件故而有了可依之文。然而，亦因伊藤公之故，未在刑法中设置规定而遭重难，这便是举世闻名之大津事件。

明治二十四年（1891）五月十一日，滋贺县一巡警名津田三藏者，行刺正出访本邦之俄国皇太子殿下（现今皇

① 幸德事件：又称“大逆事件”，1910 年（明治四十三年）5 月，各地多位社会主义者、无政府主义者被检举密谋暗杀天皇，翌年 1 月 18 日，26 人以大逆罪被起诉，其中 24 人被判死刑，次日其中半数被改判无期，宣判五天后，幸德秋水、宫下太吉等 12 人被处决。——译注

帝陛下)，用其所带之佩剑击伤皇太子头部。此报传来，举国震骇，尤以政府为甚，恐俄兴师问罪，便苦心研究善后之策。而依据彼时之刑法，谋杀未遂减死刑一二等，因而津田三藏至多不过无期徒刑。政府恐惧殊甚，若不重判三藏，恐对俄谢罪无门，于是朝议毕，得结论曰：侵犯俄国皇室，与侵犯我皇室同，罪名一致，对三藏之罪行拟用刑法第一百一十六条之“对天皇、三后①、皇太子施害或意欲施害者处死刑”，而后命检察总长依此起诉。

是时，宪法实施仅一年，宪法保障司法权独立，亦保障臣民之权利，“日本臣民非依法律不受逮捕、监禁、审问、处罚”。刑法第二条亦明文规定：“法律无正条者，不问何种所为，不得罚。”然检察总长却依当局之令，以侵犯皇室罪起诉三藏。不仅如此，当时之司法大臣及内务大臣亲临大津，面见审判长，温言游说。幸而当时之大审院②院长儿岛惟谦以身家性命一搏，无惧行政官施压，法官亦忠于职守，并无听凭其曲解神圣之法令，以寻常之律审判之，定三藏之罪为谋杀未遂，处无期徒刑，免我宪法史上留下污点。

是时，吾所在之法科大学之同僚亦自备意见呈报当局，阐述以侵犯皇室罪审判三藏之过。然而，当局以及老政治

---

① 三后：皇后、皇太后、太皇太后。——译注

② 大审院：日本明治八年（1875）至昭和二十二年（1947）间设置的最高法院。——译注

家与我等意见相左，若不处死三藏以谢俄国，恐国难忽至，且先有国而后有法，拘泥于区区法令而忘国之重乃学究之迂论，宜活用法律救帝国于危难之时云云。副岛种臣公，乃名副其实之学者，听我等言论，知晓侵犯皇室罪延及外国皇族委实不当，此前草案中外国相关条文已悉数削除之事亦尽知，遂朗声慨叹："法若不能杀三藏，种臣杀之！"我辈听闻此事，言曰："公之赤诚，可怜哉。杀三藏之罪，轻于杀宪法、杀刑法之罪也。"

大津事件如此困难丛生，立法者之不慎乃缘起也。明治十年（1877）旧刑法草案初成之时，元老院内设刑法草案审查局，首要问题，乃草案总则第四条以下外国相关之规定，以及第二编第一章侵犯皇室罪保留与否。委员会将此事呈报政府，明治十一年（1878）二月二十七日，总裁伊藤博文氏宣布上奏后之口谕，外国人相关条文悉数削除，侵犯皇室罪保留。恰如《新律纲领》制定之初，副岛公笃信侵犯皇室罪无存在之必要，故众人皆难意料，日后竟生触犯外国主权者及皇族之事。然而，幸德事件发生之时侵犯皇室罪既存，故有据可依，而彼时外国相关条文已尽数被删，大津事件便无特别可依之据，虽说危及外国皇室，亦只能依照寻常之律判处无期徒刑。即明治十三年（1880）颁行之刑法中设有侵犯皇室罪，因此幸德事件有可用之特别法令；而外国相关条文悉数被删，致使大津事件无特别法令可用。

“大津事件”纪念碑（滋贺县大津市）

时任大审院院长儿岛惟谦（1837～1908年）

十、 副岛种臣公与量刑范围

副岛公乃汉儒，时时提倡极端之说，故世间往往以为公顽固守旧。但依我辈听闻，亦尝与公往来，窃认为公见识极高，虽有守旧之嫌，然亦具进步之卓见，新旧交融甚矣。前文所言之大津事件，公尝慨叹："法若不能杀三藏，种臣杀之!" 泥古之极端可见矣。然公亦善解法之精神，故默认寻常杀人律之论点正当也。

明治三年（1870），正值《新律纲领》编纂之时，诸位委员皆汉学家，故多以明律、清律等为本起草法案，而副岛公早已着眼泰西法律，命箕作麟祥氏翻译法国刑法典，将其带至编纂局，与众人论争，效仿中国律令一罪对应一固定之刑有其不当之处，主张应于量刑中设轻重长短之范围。公之言论，众皆以为极端之急进学说，因此明治六年（1873）之《改定律例》中未获采用。尔来十年，至明治十三年（1880）之刑法，始渐被采纳。

一一、 德拉古之血腥法典

德拉古乃雅典上古闻名酷法“血腥法典”之制定者也。公元前621年，德拉古居执政官之位期间制定之。然依据巴格纳托（Bagnato）之说，该酷法非德拉古一人之创意，其内容为雅典古来之习惯法，德拉古之前既存，不过借彼之手成文而已。

姑且不论此说法之是非，德拉古之法乃惊世骇俗之酷法，得名“血腥法典”倒也恰如其分。个中残酷至极之处，乃死刑之滥用也。叛逆杀人等重罪处以死刑，时至今日亦众说纷纭，而依德拉古之法，郊野盗一二苹果，农田偷二三蔬鲜，亦为死刑。此等情状于血腥法典中犹属宽大者，甚至于懒惰者亦被处以死刑，实为残酷之极。不仅如此，城邦之万民，乃至无生命之物，皆可科以刑罚。有人或遭石击、或受木压而亡时，其木石皆要受刑，盖意在使民众知晓杀人乃重罪之事也。

德拉古之法酷烈至此，一时普天之下，莫不战栗，但苛酷太过，反不得长久。

有人问德拉古："为何犯罪殆以死罚之?"德拉古答曰："轻罪已当死，余苦于重罪无适当之刑罚也。"纵然如巴格纳托所言，该酷法之内容虽早已存在，然立法者之刑罚主义亦使其如虎添翼。

据普鲁塔克之《名人传》记载，"血腥法典"之名起源于德马德斯（Demades）之评语：德拉古之法非墨笔写就，乃为血矣。

一二、 暴君狄俄尼索斯的高悬之法

昔日叙拉古（Syracuse）之王狄俄尼索斯（Dionysius），乃堪比桀纣之暴君，盛设峻法以苦人民。传言每有法令颁行，便书于木板之上，悬于数十尺竿头，以此为公布之号记。民众仰视竿头，知猛法又出，却不知其内容，如轰雷掣电，无不恐怖战栗。

身为立法者，特为炫耀文章之庄重典雅，好用奇语、草难文者，狄俄尼索斯之徒也。本邦民法起草之时，起草委员提交编纂方针相关提案至法典调查会，通过决议，书纲领曰："文章用语宜意义准确，兼平易通俗"，即是特意强调此点。

一三、 踊贵履贱

一日，齐景公谓大夫晏子曰：“子家习市，识贵贱乎？”晏子对曰：“近来踊贵而履贱。”履，常人之鞋；踊，受刖刑之人所穿之鞋，犹如今人之假肢。是时景公繁于刑，晏子借贵贱之话嘲讽之。景公遂悟，后省其刑。

《唐律疏议》表中赞之曰：“仁人之言其利博哉。”

一四、 商鞅立木为信

秦灭六国一统天下，皆因韩非子、商鞅、李斯等英杰用刑名法术之策，而秦二世失天下，乃始于焚书坑儒，盖人尽皆知。知名逸事之“商鞅立木为信”，因其内含法刑万能主义，余颇有兴趣。

商鞅在秦为相之时，新政第一事，便是立三丈之木于市之南门，募民有能徙至北门者，予十金。然民不解其意，怪之，莫敢徙。复下令，能徙者予五十金。是时有好奇之人，姑且试之，徙木至北门。商鞅辄予五十金，以明不欺。世人皆惊，深感商君之法信赏必罚，可从不可违。故十年之内，有令必行，有禁必止，新法顺利推行，始开秦国富强之端。

商鞅以徙木之令，使民心归依其法刑主义，其机智固然令人叹服，可如此以儿戏弄法令，不足吾人取也，余不以为可依此真取信天下。法之威力，其根基乃社会价值，“信赏必罚”这般，不过乃令人信服其威力之方法而已。如徙木至北门之令，乃民不知何故之命令，即无社会价值之法律，下此令，设此法，以信赏必罚期其施行之态度，诚为刑名法术者之根本误谬，不仅自身陷入困境，慨叹“造法之弊”，且此法律万能主义反成为永久阻碍东洋法律思想发达之起因，实乃可叹可鉴之事。

一五、 迂回立法

土佐之藩儒野中兼山①乃尊崇宋儒之人，于同藩中兴起宋学，为实干之学者，非立言之儒者也。故其著作传世者少，多以治绩留后世。毁佛堂、兴学校、拓瘠田成沃土，除暗礁开航路、置农兵、植药草、饲蜜蜂、养蛤蜊，行锐意新政，裨益四民之事颇多。

然其为资性刚毅之人，行新政时峻严甚极，违命者盖以严刑重罚正面弹压之，毫不留情。因人皆谓其“击非如鹰”，竟招祸端，不得善终，实痛惜之。

然则兼山并非无以巧妙平和方式迂回立法。是时土佐

① 野中兼山：日本江户初期的儒学家，土佐藩家老。实行藩政改革，致力于新田开垦、发展生产、振兴工业。因强制推行其政策招致反感，被反对派弹劾，野中表明辞意后退职，三个月后突然死亡，享年四十九岁。反对派进一步将野中家族定罪，全体男性无一存活，留存之人则经受了长达四十年的流亡生活。——译注

民俗乃死者火葬，兼山奉行儒教主义，时时禁之，可多年积习到底一朝难改。兼山遂一改方针，不再强行禁之，反下令曰罪人死尸必得火葬。火葬之事遂渐少，终绝迹。兼山之方法即声东击西之迂回立法，民心之刺激寡，而易俗移风之功效多。若兼山能常宽其度量，多体察人情机微，其功绩当愈多，亦不至于招来贬黜之奇祸。

一六、 竹内柳右卫门之禁赌新法

伊予国西条藩之领地赌博大为盛行，严禁亦未见任何效应。是时有一郡奉行①名竹内柳右卫门，苦心钻研禁赌之法，深计远虑后颁发新令，全面解禁赌博，唯输者提出诉讼之时，输赢双方对簿公堂，赌博之事证明无误后，被告须将所赢之钱财如数奉还原告。如此看来，赌赢却无获利，反留污名于世上，故此前袁彦道②之流行亦渐衰，民皆勤业。

竹内柳右卫门之新法，想法奇拔，亦可知其人之才干，然倘若深思，如此新法，乃根本错误之恶劣立法也。法律固异于道德之法，然立法者亦片刻不能将道德置之度外。

---

① 郡奉行：日本江户时代各藩主管郡村行政的官名。由各郡任命，负责征收赋税和审理诉讼等事务。——译注

② 袁彦道：东晋历阳太守，名耽，字彦道，好赌。——译注

依竹内之新法内容，双方合意便共做恶事，不利于己时，便直诉对方以免损失，此等做法乃教民于不德，反良善风俗甚于赌博。此乃重视结果太过、反不择手段之过失，自古之立法者多陷于此。立法须堂堂，小小伎俩如竹内之新法，将来之立法者须用心避之。

一七、 禁烟法

烟草传来之年代，诸书所记各有异同，不得明知。《当代记》① 庆长十三年（1608）十月之文中载："此二三年前，烟草之物，随南蛮船来朝，日本上下专之，诸病为此平愈。"可见，当是时，吸烟之风既已上下广行之，乃当时风靡之物也。林罗山②亦有烟瘾，其文集中多载有"佗波古"（烟草）"希施婁"（烟管）相关之文，且于《莨菪文》中写道："拙者性癖有时吸之，若而人欲停之未能，聊因循至今，唯暂代酒当茶而已欤。"

---

① 《当代记》：记录安土桃山时代（1573～1603 年）至江户初期的各国形势、诸大名的兴亡、江户幕府的政治等内容，共 10 卷。相传作者是姬路城主松平忠明（德川家康的外孙），宽永年间（1624～1644 年）成书。——译注

② 林罗山（1583～1657 年）：日本江户时代初期的儒学家。——译注

未几，幕府以吸烟为无益之费，且为失火之由，指摘植烟草可毁农田等种种弊端，遂禁之。《庆长年录》庆长十四年（1609）之文中载：“七月，烟草禁令之事，烟终被禁云云，火事其外有用度之故也。”或为最初之禁烟令。

而后至庆长十七年（1612）八月，幕府同临时佣工禁令、基督教禁令、负伤者禁令、屠牛禁令①等一同颁布烟草禁令。

> 一、严禁吸烟。烟草既禁，若发现私下买卖者，买卖双方之家财俱应没收，若路遇贩卖者，应将烟草并卖主就地扣押并向上禀告，其所带之马、货物等物俱应没收。
>
> 附、各地严禁种植烟草。
>
> 御领内通知如右，特此布告，尔等当知之。
>
> 庆长十七年八月六日

此后幕府屡出禁令禁止吸烟以及烟草种植，拙著《五人组制度论》中亦有记载。然此类禁令之执行颇有难度，

---

① 屠牛禁令：公元1549年基督教传入日本，同时传教士也带来屠牛食肉的习惯。丰臣秀吉、德川家康弹压基督教的一大理由便是“教徒有食牛肉之惯习”。因为江户时代是个石高制社会（石高：官定米谷收获量，是武士俸禄的计算标准），稻米地位至高无上。德川幕府为构建一个无杀生、无肉食的和平社会，曾颁布牛马屠杀禁令和食肉禁令。——译注

有打油诗为证：

无效令之多，
不可计其数。
禁烟与选钱①，
敕令与医嘱。

① 日本幕府与大名时常颁布“选钱令”，严禁人们择精钱、弃劣钱。——译注

一八、 违反禁烟令之处罚

庆长年间，幕府发布禁烟令，诸国大名亦在各领地颁行，其中萨摩之岛津氏对违令者处以相当严苛之惩罚。是时，萨摩为南蛮人[①]最早登陆之地，烟草之传播亦早，吸烟之风盛行，其弊害不少，文之和尚之《南浦文集》中有诗描述风俗颓败与吸烟之风。

风俗常忧颓败端，人人左衽拍其肩。
逸居饱食坐终日，饮此无名野草烟。

岛津氏亦下严令禁止吸烟。《崎阳古今物语》一书有如下记载：

---

① 南蛮人：日本室町末期至江户时代，日本人对来日的葡萄牙人与西班牙人的异称。——译注

> 龙伯君（岛津义久）、惟新君（岛津义弘）统治期间，日本全国下达禁烟令，国本之仪，当严肃处理，有违令偷偷吸食者，一经发现，皆判死刑。

违令者死，禁烟令严厉至此，然收效甚微。该书其后又记：

> 以竹烟筒装烟膏、挂纱帐、密藏其间吞云吐雾之瘾君子，比比皆是。

由此观之，吸烟因袭已久，此风之牢固难以拔除。越数年，萨摩烟草反成天下名品。

一九、松平信纲之象刑

邻邦中国在古代尝以绘画公示刑法，以此使目不识丁之蒙昧民众知法禁。《舜典》中云："象以典刑"，吴氏释之曰："图所用刑之象以示，使智愚皆知。"《晋书·刑法志》中有"五帝画象而民知禁"，刑罚之绘皆贴于宫门双阙，以警民。由此可推想之，古代圣王为布法于蒙昧人民、引其至法治生活，实为用心良苦。

本邦以画像公示法禁之人，乃伊豆守[①]松平信纲也，人称"智慧伊豆"。将军家纲在位之时，明历三年(1657)，江户遭百年不遇之大火，死者多达十万八千余人，故火灾后，火事取缔之法异常严格。依《信纲记》记载，伊豆守府中亦严禁于哨所内吸烟。然而，一日，仓库

---

① 守：日本律令官制下四等官中最高官职，各官厅的最高负责人。——译注

当班用鲍壳窃引火种，躲匿哨所内吸烟，不慎烧焦草垫一角。目击者将其告知伊豆守，信纲怒火三丈，将此人即刻问斩。尔后其再三思量，忆及有一潜伏基督教之眼线，名右卫门作者，工油画，遂命其作画，将盗明火、偷吸烟、烧草垫、被问斩一事绘于板上，置于府邸人流密集处，令众人观之。刑罚之象逼真，观者无不悚然，尔后犯禁者绝迹。

右卫门作，姓山田，肥前人，岛原之乱中在城中为反徒，后悔悟，谋划内应，事败后囚于狱中。平乱后，伊豆守赦之，并带回江户，用其为基督教之眼线。右卫门学油画，善描人物花卉，故命其作刑罚之图。后因传教入狱，死于牢中。

二〇、 家康之鉴戒主义行刑法

据水户烈公之书《明训一班抄》中载，德川家康以博弈为万恶之本，早在浜松、骏府之时便严禁之。

家康移居江户城后，见关东无论僧侣男女，公然赌博者多，因言惩罚过于软弱，遂命板仓四郎左卫门（后为伊贺守胜重）等人，遇赌博者便逮捕之，并即刻处死，而当是时，盗罪之罚不过入狱而已。

一日，赌博者五人于浅草被捕，并枭首同处，家康往鹰野途中见之，归城后召刑吏，命之曰："悬首于狱门，是为示众，既为五人同座之博弈，应分置于人多之五处。"故此后捕十人同座赌博者，则分置十处。

如此处心警戒，可谓简单易行之威赫鉴戒行刑法，果不其然，二三年间，博弈几绝迹。

二一、 法律的事后公布

德川时代之刑典极为秘密，而执行则公之于众，以此为民之戒。且刑场中立有札板，专书罪状及刑罚之布告。罪人游行之时，亦将记有罪状与刑罚之旗帜立于马前，一并游行示众。法规秘而不宣，而审判则公开布告，民众依此可知何种犯罪科以何种刑罚。

在京都，罪人游行于洛中洛外①之时，除却将罪行书于旗帜之外，且须高声念其罪行，或沿路家家户户须卸下门帘，跪而观之。然赤井越前守任京都町奉行时，曾一度废之，《翁草》② 著者因此指责曰：

① 洛中洛外：在日本，“洛”特指京都，“京都城内外”简称为“洛中洛外”。——译注

② 《翁草》：日本古随笔集，计有2000卷，神泽贞干著，记录中古至江户宽政时期（1789～1801年）的传说、轶闻、报道等。——译注

布帘如常高悬，无需令民了解、敬畏，是否大为不当？刑乃公法，当书罪科于旗帜，高唤其罪。若为告是于世、以为后来之戒，诸人必慎而承之。

对法之敬畏诚当如此。

二二、 法袍制定

法官及律师所穿之法袍，其设计乃出自文学博士黑川真赖君之手。当初欧美法曹界多用古雅法袍，以添法庭之威严，故法院组织法制定之时，司法卿山田显义公亦欲效仿，遂委托黑川博士设计之。博士调查自圣德太子以来之制服，加以泰西之制，制出法帽法袍。

此法袍制定之时，东京美术学校之教授服亦同为黑川博士之设计，且体裁酷似法袍。当是时，黑川博士任美术学校教授，不料却因教授服类似法袍而遇尴尬事，传为笑谈，此事于《逸话文库》中佐藤利文氏之谈话中可见。

一日，一纸令状忽从东京地方法院发至黑川博士处。博士惊诧，不知何事，阅后乃知是为一案件出庭作证。素无关系之事件，虽迷惑至极，亦无法委派代理，当日只得时刻未到便亲往法院。是时博士身着美术学校之教授服，庭吏见之，殷勤引路，并敬礼言之曰："稍后开庭，请在此等候。"博士被引至一高大华美之座，遂坐定暂候之。开庭时刻已到，众判事鱼贯而出，各就其位，忽见博士赭颜鹤发，着教授服坦然端坐判事之席，且惊且怪，问其何故坐此处。博士款款对答，未见惊异之色。判事意外之余不禁失笑，言之曰："此处乃我等之座，证人请移步他处。"遂温言指明当坐之席，博士亦恍然大悟，始觉庭吏之疏忽委实可笑。因博士所穿之教授服类似当时新定之法袍，庭吏一见博士，自以为一老法官因何要事晨早而来，亦不问其来由，便径直引至判官席。博士归家后，戏言曰："今日吾成黑川判事也。"昔日秦国商鞅，因自定之律而于关口投宿被拒，喟然叹曰："嗟乎，为法之弊，一至此哉！"明治黑川真赖博士，因自定之制服被误敬为司直①而居上座，可言之曰："为法袍之弊，一至此哉！"是为一笑。

① 司直：中国古官名，帮助丞相检举不法。——译注

明治时代的法袍

二三、 法学博士

博士之号乃本邦中古之官名，有大博士、音博士、阴阳博士、文章博士、明法博士等。《职原钞》中记载，明法博士有二人，阪上、中原二家任之。如今之法学博士为学位，依明治二十年（1705）之学位令设置。

“博士”一词古时训读为“hakase”，现今定为“hakusi”。学位令颁布之时，文部大臣森有礼戏谑曰：“沿用‘hakase’之古训读亦可，唯恐世人将‘ha’浊音化，戏称为‘bakase’①，实有渎学位之尊严也。”

中国以“律学博士”称之。《魏书》中记载：“卫觊奏，刑法国家所重，而私议所轻，狱者人命所悬，而选用者所卑。请置律学博士，相教授。遂施行。”律学博士乃因卫觊之议始设之。

---

① “baka”为“ばか”（傻瓜）的发音。——译注

二四、 认妻为母

神不与人二心。故神不将汝妻变汝母。

此乃《古兰经》中一节，令人颇为不解之句，然塞尔斯（Sales）之研究解开此句之谜，向吾人展示阿拉伯之奇特古俗。（Sales，The Koran，ch. xxxiii. The Confederates. p. 321.）

既有结，亦可解，绝无例外。既可结婚，亦可离婚，不祥之事亦屡见不鲜，此乃亘古不变之现象。然休妻一举，便使其无家可归，且有些男子，虽欲断夫妻之缘，却不喜其另嫁他人，拖泥带水，真可谓街头巷尾之绝好谈资。古代阿拉伯人因多有此男，遂创出怪异至极之离婚法，即夫谓妻曰："从今而后，汝为吾母。"此言一出，夫妻之缘断绝，昨日之妻成今日之母，尔后虽以嫡母关系奉事之，实则视其为家中赋闲之人，敬而远之。

如此惯习，实乃自私自利、愚弄妇人之举，圣人穆罕默德不堪其弊害，以上述言论断然废此奇习。

二五、 动植物之责任

近代法学家中多有人意欲以自由意志论解释责任之基础。人有良心，故能辨善恶正邪。人之意志乃自由，故行善作恶皆基于自由意志。人有辨别力，却以自由意志胡作非为，故人必有责任。至于禽兽草木，其本无良心，亦无自由意志，何来责任之存在，此乃该学说之要旨。然而，近代心理学与日俱进，不仅颠覆了该学说之依据，且诸多历史事实亦可证明其误谬之大。

原始社会法律中审判禽兽草木，或处以刑罚之例俯拾皆是。赫赫有名的英王阿尔弗雷德大帝立法规定，人坠树身亡时，该树处斩首刑。犹太人法律规定，牛若冲撞将人致死，投以石杀之。梭伦之法中，咬人之犬要受游街之刑罚。罗马十二表法中亦记载，四足兽伤人时，其所有者须赔偿，或将行凶之兽交与被害者，任其处置［Noxa deditio

(岩波文库注：无 noxa deditio 一词，或为 noxae deditio、或 noxae datio)]。依据盖尤斯（Gaius）、乌尔比安（Ulpianus）之言，若幼儿或奴隶侵害他人，或他人因物体受到损害之时，亦执行致害物引渡主义，其责任者乃幼儿或物体。若所有者欲保全致害物，须支付赔偿金作为赎回代价。

非但原始时代，中世纪欧洲诸国法律书籍中，动物审判亦不少见。法国古法规定，动物杀人，若主人早知其危险，主人与动物一并处死。若主人不知，或不在场，仅处死动物。动物审判实例不计其数，现再举二三例。

西历 1314 年，法国瓦卢瓦地区（Valois）有一公牛将人致死，遂成被告，审判中证人询问、检方控告、律师辩护，皆与寻常审判无异，审判结果，被告被处绞刑。而后在勃艮第（Burgundy），有一猪将一幼儿致死，猪被牵至法庭受审，一番唇枪舌剑，最后亦被处绞刑。1450 年亦发生一起将猪处以绞刑之事件。

法国历史学家尼古拉斯·肖里耶（Nicholas Chorier）曾记一轶事。1584 年，瓦朗斯（Valence）霖雨数旬，无数毛虫涌出，长成后四处爬行，侵入家宅，妨害安眠，民众苦不堪言。当地牧师无法置之不理，遂起诉，欲驱逐毛虫，轰动一时。法庭受理之，终下驱逐之令，无奈被告并不听命。法官亦束手无策，不知如何强制执行，鸠聚而议，却议而不决，旷日累时，最终毛虫蜕化为蝶，纷纷飞远。

沙萨内（Chassanée）因在欧坦（Autun）为鼠辩护而众人皆知，遂成知名律师。他于审判中以多方理由三次请求延期，第三次传召中，其理由如下，颇为有趣：

> “当地养猫者众，被告出庭途中恐有生命危险。法院应给予被告适当保护，故请求法院出具保证状，命猫主于开庭之日不得放猫外出。”

法院竟无言以对。传召时给予适当保护，乃理所应当之事，不可拒之。然该请求之实施费事周折，审判遂无限延期。

审判动植物或物体，或处以刑罚，虽类同儿戏，然对致害物产生不快之感乃人之常情，以未开化民众复仇之情尤为炽热，故笞木石仅为泄愤之事并不少见。足可窥见，未开化社会中立法处罚物体及动植物，实不足为怪。

“小儿头撞柱，大人打柱子。”这句川柳①足以说明该法之精神。

多数学者认为，绝对主义视刑罚为正义之实现，乃极高尚之理论，而复仇主义以目报目、以牙还牙，甚为野蛮。

---

① 川柳：日本的一种诗歌形式，音节与“俳句”同样，也是17个音节，按5，7，5的顺序排列。川柳的内容大多以调侃社会现象为主。——译注

然而，绝对主义论者认为信赏必罚为正义要求，复仇主义中报复施害之木石禽兽或人类以获取满足，两者皆同为心理作用，即来自人类之种族保存性。此二主义归属同一系统，从绝对主义之提倡者康德之言论中亦可知。康德认为刑法为无上命令（Categorischer Imperativ），即便国将解散，狱中之人亦难逃惩罚，同时康德亦主张刑罚应依据反坐法（Jus talionis，同等报复法）。

此外，相对主义论者认为，刑罚为社会目的而存在。虽言之有理，却忘记一要点，即目的中亦包含直接受害者个人、其家眷以及间接受害者等公众之心理满足，此乃其论点之缺陷。形式有所变，程度有所异，然“斩首”树木、“绞杀”公牛、“反击”柱子等原素，亦应存在于文明刑法中。所谓“正义之要求”，岂非心理满足耶？学者往往责此性情为野蛮，一概排斥之，皆因不懂刑法发展史，亦不知报复性乃种族保存之必要性情，有此性情，权利义务之观念方才随之发展。

中世纪动物审判：审猫

中世纪动物审判：审猪

中世纪动物审判：审狗

二六、 死亡骰子

德国皇室博物馆中陈列一物，名“死亡骰子”（Der Todes Würfel），乃皇帝御用品，亦为历史名物，十七世纪中叶，一疑狱因死亡骰子得以了断。

有一美少女不知为何人所害，两士兵大有嫌疑，昔日曾为争夺少女之爱而互为情敌。一人名拉尔夫（Ralgh），另一人名阿尔弗雷德（Alfred）。然而两人皆信誓旦旦，即便拷问，亦无招供。现皇室先祖弗里德里希·威廉（Friedrich Wilhelm）国王遂决定，从神意，两人取骰子掷之，败者为罪犯。

国王亲临仪式，庄重主持此神意裁决。拉尔夫先掷，骰子落地，辗转滚动，终皆以六示众，合为十二，乃可得之最高点。拉尔夫之胜局已定，神已指示无罪之证。另一人有罪之证即将显迹。

阿尔弗雷德已穷途末路，唯跪地悲切祷告："万能之神，汝知我无罪。愿主垂怜，加以护佑。"彼将满腔意念注于双手，抛骰于地。只闻嘎然声鸣，一骰子竟一裂为二，一面为一，一面为六。另一骰子亦为六。真得天佑而胜者，乃彼也。满堂皆以为奇，寂然无声。

拉尔夫亦因神意显灵而胆寒，忽坦白自己即真凶。国王疾呼："实乃神之判决也。"遂即刻宣判死刑。

中世纪神灵裁判：水判

中世纪神灵裁判：沸水判

中世纪神灵裁判：火判

二七、 史上最长诉讼

时有诉讼旷世持久，故莎士比亚之“Law's delay”（法之迟延）一词亦众所周知。据吾所知，史上最长诉讼，乃有名的英国伯克利（Berkley）事件。该事件始于1416年，终于1609年，前后持续一百九十年有余。

亨利五世时代，伯克利第四代勋爵托马斯，只得一女，名唤伊丽莎白。而伊丽莎白嫁与沃里克伯爵（Earl of Warwick），伯克利领地遂由近亲男子继承。尔后伊丽莎白之子孙为争夺此继承权上诉，此乃事件之肇端。众人不满于法庭辩论，以致大动干戈。1469年，双方各率五百人，于尼布莱·格伦（Nibley Green）之野决斗。一方大将乃伊丽莎白之孙托尔伯特（Talbot），战死沙场，且损兵折将，死一百五，伤三百。然托尔伯特之亲属仍维持诉讼，强势主张权利。至詹姆士一世之时，判决方下，原告败诉，领地归属十一代伯克利勋爵。

二八、 矛盾陈述

大隅[①]守渡边纲贞乃幕府能臣，任町奉行之时，有一医者起诉，其诉状上书："病者痊愈，即付酬金五两，以此为约。而吾治一麻风病者，既已奏效，对方竟拒不履约，遂请求裁决。"

大隅守谓被告曰："医者云汝病已平愈，汝宜即刻支付约定之酬金。"被告匍匐于白砂之地，[②]磕头如捣葱，诚惶诚恐答曰："小人病势缠绵，以致倾家荡产、入不敷出，实难以即刻清偿。"

大隅守回曰："被告，汝托医者治病，今痊愈却拖欠

---

① 大隅：日本古地名，明治四年废藩置县后归入鹿儿岛县。——译注

② 江户时代，日本官邸门前皆铺有白色细砂，常做庭审之地。——译注

医费，天理难容，汝或可卖身以筹金。”被告愁容满面答曰：“大人所言极是，然曾患恶病，无人敢用，以致走投无路。”

大隅守心生怜悯，转谓医者曰：“汝亦闻矣。汝为其作保，使人雇佣之，而后以其薪酬抵偿汝之酬金，如何？”大隅守温言提议，而医者却断然反对：“如此秽病，何人敢用？在下唯求速速偿还约定之金。”其强辩之音未落，大隅守肃然呵斥：“噫！汝方才所言岂不自相矛盾？因病而厌于人，医者为其证明病愈岂非理所应当？汝如此力拒，想必患者之病尚未痊愈。汝知未愈而告之已愈，骗取酬金，非仁术之人应有之事，如今汝反报官诉苦，实令人难以容忍。尔后汝宜慎行！”大隅守严词谴责，命人将其带去町名主①下属之五人组②。众人皆佩服其圣明裁决。

① 町名主：日本江户时代的市政官吏名，处理传达法令、维持治安等杂务，由町奉行任命。——译注

② 五人组：日本江户时代模仿古代“五保制”而建立的平民近邻组织。江户时期的日本是个高度的自治社会，江户的町制由“町年寄”“町名主”“大家”“五人组”四重结构构成。町奉行下设有町年寄三人，町年寄是最高级的市政官吏名称，职责是向下传达奉行所颁布的法令、收税、并监督町名主。一个町名主可负责若干个町，起到监督町内事务的作用。大家也称为“家主”“家守”，管理町内土地、房屋以及城门钥匙，监督、调查房客等。五人组是町民自治最小单位，相邻五户家庭成为一组，每月交替执勤，负责町内防火、守城门、照顾弃婴或乞丐、调解纠纷等各类杂务。——译注

二九、 幽灵审判

冰岛乃一北海孤岛，西历九世纪，为中世纪势力强盛一时之“诺曼人”（Northmen）所发现，其后移居长住。虽为孤岛，然入住此无人岛之诺曼人已然适应法治生活，遂逐步建设政治社会，故此，余对冰岛最初之历史甚感兴趣，亦从中大有收获。詹姆斯·布莱斯（James Bryce）于著作《历史与法律学之研究》（Studies in History and Jurisprudence）中所书之幽灵审判便为其中一例。

昔日冰岛西岸布雷基斐鲁斯之弗鲁泽，有一当地酋长，名索罗德（Thorodd）。一日，酋长出海沉船，同船之人皆溺死。之后船体虽打捞上岸，却无死者遗体。酋长之遗孀苏丽普与长子卡尔丹依当地风俗，遍请邻人，举办葬礼。第一日，暮色四合，炉火生起，酋长与部下忽随火出现，全身湿透，围坐炉旁。齐聚一室之客人盛情款待幽灵。

只因当地人自古相信，死者现身葬礼，乃显示死者于海之女神兰（Ran）之处生活幸福。然而，幽灵贵客虽自黄泉远道而来，却不与人语，只默默静坐，待火熄灭，又猝然消失。

翌夜，幽灵又于同一时刻出现，做同一举动。葬礼延绵数日，日日如此，且葬礼结束后，依旧每夜前来。家佣惊惶万状，无人敢入火炉之屋，亦无人敢炊事。盖一生火，酋长一行便现身围坐火边。卡尔丹遂另辟一屋，每晚为幽灵生火。炊事虽不再受扰，然其后家中不幸频出，不仅苏丽普卧病在床，甚至有人横死。卡尔丹愁肠百结，遂与伯父商议，其伯父乃知名法学家斯诺里（Snorri）。卡尔丹依伯父建议，决意起诉幽灵。卡尔丹等七人为原告，起诉索罗德及部下之幽灵家宅入侵及致死，请求户前裁判所（Dyradómr，Door court）开庭。因索罗德一行不法入侵他人家宅，致使家人生病及死亡，故卡尔丹请求法庭传唤幽灵出庭。证据收集、辩论等环节与一般诉讼无异，法官对幽灵一一宣告判决，而幽灵听取判决后皆起身离去，此后再无出现。

此事自然为荒唐无稽之虚文，若发生于本邦，结局必然以祈祷、符咒等驱散怨灵，而文中寻求法律救济之结果，颇有趣味。北欧人尚且相信幽灵出席葬礼之说，知识程度可想而知，然彼极富法律精神，尤其乌合之众于荒岛开天辟地之初，法治生活、法律秩序实属必要，盖作此类虚文。且古代一远海孤岛之幽灵尚知重法律、服判决，而今之文明法治国家之公民却常有动辄蔑视法律之人，不可思议甚于此故事。

三〇、 盖尤斯之谜

盖尤斯乃罗马五大法学家之一，属萨宾派，著述甚丰，其中《十二表法注释》以及后世谓其为“金书”（Aurea）之《日常法律事件》尤为出名。其学说多被优士丁尼大帝之《学说汇纂》（Digesta）引用，且众所周知，优士丁尼大帝之《法学阶梯》（Institutiones）乃依据盖尤斯同名之书而来。然古来荷马、莎士比亚等伟人事迹往往疑云笼罩，盖尤斯亦不例外，堪称史上一奇。

第一，生卒年月不详。仅依据《学说汇纂》推测，哈德良大帝（Hadrianus）时代，盖尤斯已成人，唯可知，其著作与安敦尼·庇乌大帝（Antoninus Pius）、维鲁斯大帝（Verus）、马可·奥勒留大帝（Marcus Aurelius）相关。

第二，国籍不明。蒙森（Mommsen）认为其为外藩之人，而胡施克（Huschke）主张其为罗马人，余越发无所适从。

第三，盖尤斯是否拥有解答权（Jus respondendi）（解答法律问题之公权），学者意见不一。有学者认为，《学说汇纂》编纂委员接受优士丁尼大帝训令，仅汇总被授予解答权之法曹之学说。且该法典引用盖尤斯学说甚多，足可见其拥有解答权。然反对意见者则认为，盖尤斯著书虽多，却无一法律解答。故盖尤斯非状师，而是教师或纯法学家，无解答权。然其学识深远、名声赫赫，委员亦不拘泥于皇帝训令，将其学说编入法典。

盖尤斯（约 130 ~ 约 180 年）

三一、 评定所中的游女

评定所乃德川幕府最高法院，是老中[1]及寺社奉行[2]、町奉行、堪定奉行[3]三奉行等人评议、审判重大诉讼之所。

据《棠荫秘鉴》记载，宽永八年（1631）二月二日，町奉行岛田弹正忠之邸宅，老中聚室而议事，此乃评定集会之肇端。尔后，酒井雅乐头[4]、酒井赞岐守尝于老中之邸宅议事，宽永十二年（1635）十一月十日，评定委员既

---

① 老中：日本德川幕府的官职之一。辅佐将军、总理全部政务的最高官员。——译注

② 寺社奉行：日本德川幕府的职衔。三奉行之一，主要职责是管理寺庙和神社、神官和僧侣等。——译注

③ 堪定奉行：日本德川幕府的职衔。三奉行之一，除负责幕府财政外，还监督皇室领地的郡代、代官，处理农民的诉讼等。——译注

④ 酒井雅乐头：即酒井忠清，江户时代前期的谱代大名（世袭家臣）。雅乐头，是雅乐寮的最高官职，雅乐寮是古代日本乐舞的教育机构，在律令制下归属治部省。酒井赞岐守：即酒井忠胜。——译注

定，自同年十二月二日评定所始有会期，此后每月二日、十二日、二十二日定为评议日。

另据《甲子夜话》记载，[①] 评定所源起国初之时，町中倘有诉讼，便请老中职位之下各官员出席并裁决。当是时，评议乃私人所托，故饮食各物皆自町中带去，且官员之侍者，皆用游女。其后，官家制度亦渐渐具备，官府修建评定所，饮食亦自给，以城内僧侣为侍者。当时游女出入评定所，皆乘舟往来，舟无篷，夏天甚热，便求加篷盖，篷舟遂问世。彼时称游女为“散茶女郎”，故篷舟旧称“散茶船”，如今知者寥寥无几。评定所之侧有岸，舟可停靠，乃昔日游女之舟所停之处，故称“吉原栈桥”。（当时之吉原，乃如今之数寄屋町[②]）

如上所述，游女侍于神圣之最高法院，如今之人殆不可置信，然当时对游女之考量与现今大有所异。

游女侍于评定所一事，《异本洞房语园》[③] 中有文如下：

---

① 《甲子夜话》：松浦静山的随笔集，写于文政八年（1821）十一月十七日甲子日，遂得名。内容涉及当时日本社会风俗、人物故事、鬼怪故事等。——译注

② 数寄屋町：位于爱知县名古屋市西区。——译注

③ 《异本洞房语园》：《洞房语园》上部，江户中期的随笔，庄司胜富著，详细记叙吉原游廊、游女起源等。——译注

> 吉原创设之初至宽永年中，吉原町之任务，乃为评定所众人各送太夫游女①三人，以侍左右。某日余问老父良铁，此事有来由掌故否，余父答曰："此事一言难尽。私下思之，御奉行每日议事判案，政务繁忙，不似常人，年中鲜有私暇之时。虽不为观游女艳色，然游女原为舞女，或于评定所会期，呼其以白拍子②舞之，或于议事判案之后，唤其弹奏一曲，聊以慰辛劳也。"

想必昔日"决断所③中处议天下政道，时抱三味弦，抚琴以自娱自乐"之畠山重忠④将军亦无如此待遇也。

---

① 太夫游女：游女、艺妓的最高级别。——译注

② 白拍舞：日本平安末期的一种歌舞，穿白色古代礼服，戴黑漆帽，挎长刀，唱"今样歌"跳舞。——译注

③ 决断所：日本南北朝时期，朝廷设置的诉讼机关。——译注

④ 畠山重忠：平安时代末期到镰仓时代初期的武将，镰仓幕府的重臣。——译注

吉原游女图

吉原游女图（浮世绘）

吉原游女图

三二、 首席法官囚禁王子

首席法官加斯科因（Gascoigne）囚禁亨利王子一事，不独古书有载，且英美小学读本亦有收录，乃妇孺皆知之逸事。

英王亨利五世尚为王子之时，一日，王子某宠臣因犯罪被捕，于王座法庭（King's Bench）公开审判。

年少气锐之王子闻之动怒，随即亲赴法庭，高声喧哗，命法官即刻放人。列席诸位见之愕然，面面相觑，审判长加斯科因徐徐谓太子曰："殿下，吾望殿下勿因近臣依法处分而心生不满。若殿下以为法律或审判严酷，可请求您父亲国王陛下特赦。"王子不听规谏，执被告之手欲径直而去，加斯科因大喝一声制止之，命王子退庭。王子闻之如烈火中烧，手持剑柄，蓦然趋近法官席，险些击中法官。加斯科因泰然自若，向王子厉声斥责："殿下请勿忘记，本官现就坐于国王陛下之御座上。国王陛下既为殿下之父，亦为殿下之君主。故殿下身负两重服从之义务。本官以陛下之名，禁止殿下行此不法之暴行，亦奉劝殿下，为您将来之臣民以身作则，何为守法。殿下已犯藐视法庭之罪，故本官要囚禁殿下于王座法庭之牢狱，以待国王陛下之敕命。”

加斯科因之态度俨然不可侵犯，王子亦为其折服，茫然伫立片刻，忽如醒悟之状，丢弃手中之剑，向法官遥行一礼，回身径自步入拘留室。

国王听闻此事始末，欢喜至极，仰天叩谢：“朕在此感谢上苍至大之恩惠，赐我勇行正义之举之法官，与忍辱守法之皇储。”

国王上述言辞，近世之读物中书之如下：

“Happy is the king who has a magistrate possessed of courage to execute the laws; and still more happy in having a son who will submit to the punishment inflicted for offending them.”

亨利王子后继承王位，乃亨利五世，其驾崩后不久，托马斯·埃利奥特爵士（Sir Thomas Elyot）所著之书《统治者》（The Governor）中如下记载：

“O merciful God, howe moche am I, above all other men, bounde to your infinite goodness, specially for that ye have gyven me a juge, who feareth not to minister justyce, and also a sonne, who can suffre semblably, and obey justyce!”

本文所记之故事亦来自该书。

加斯科因囚禁亨利王子油画

三三、 慧眼识英才

英国某城市之背街，一群稚童正埋头玩弹珠，皆为无财力上学之贫儿。一牧师名纳撒尼尔·博伊森（Rev. Nathaniel Boyse），一日偶经此地，旁观片刻群童嬉戏，忽发现有一鹤立鸡群之人。相貌伶俐、举止敏捷、言语明晰，此人确实力压野卑迟钝之众童，独放异彩。牧师不吝爱怜之情，赠予糕点，邀其至家，教授其文字，果然乃闻一知十之才。牧师愈加器重，自出学费令其入学。

时光如梭，三十年一晃而过。一日，已为长老的纳撒尼尔在议会旁听演说。牧师为何现身议会，诸位请勿诧异。乃因纳撒尼尔当年慧眼所识之英才，今日于会场大放光彩，牧师万分欣慰。昔日街头玩弹珠之贫童，如今于讲坛上宛如众星攒月，踔厉风发，娓娓而谈，掌声喝彩撼动四壁之时，旁听席上一老者悄然以绢拭泪。

此雄辩之国会议员，乃与本邦大冈越前守[1]相似、于审判上遗留几多轶事之著名律师约翰·菲尔波特·克伦[2]（John Philpot Curran）是也。

---

① 大冈越前守：即下文提及的大冈忠相，江户中期的幕臣、大名。他以杰出的洞察力和机智的审判闻名，给后世留下了不少精彩的断案故事。——译注

② 约翰·菲尔波特·克伦（1750～1817年）：18世纪爱尔兰著名政治家、演说家。——译注

三四、 克伦之法术[①]

英国一农夫，夜宿一旅舍，将一百英镑托老板暂为保管，欲待翌晨出发之时再索回。然而老板乃贪财之人，翌日竟称毫无此事，一问三不知。农夫大为光火，与其严正交涉，然苦无证据，无果而终。农夫走投无路，便拜访当时著名律师克伦，请其代为起诉，索回钱财。克伦沉吟片刻，谓之曰："一桩小事，无须起诉。若欲索回早先之钱财，只需于老板处再寄存百镑。"农夫诧异之："绝无可能。如此贪婪之盗人，莫说百镑，一便士亦断不可再寄存彼处。"农夫起初拒不同意，但因克伦能言善辩，遂被说服，勉强听其指示，携一友人作证，再度前往旅舍。老板见农夫复来，度其又来谈判，未料农夫复以一百英镑相托，

① 法术：穗积陈重独创之词，意为"依据对事物的深度判断和经验，有效使用法律的技术"。——译注

言辞恳切："本人记性差，昨日之事，恐是误会一场。今日请您代为保管一百英镑。"老板出乎意料，心中窃喜，世上竟有如此蠢人，便依言收下。农夫回到克伦之处，愁眉不展，本欲追款，如今反又折损百镑。克伦笑曰："这次你独自前往，待老板身旁无人之时，便问其要回方才之一百英镑。"农夫依计而行，老板见方才有证人在侧，拒绝无益，便爽快交还。农夫再次返回克伦之处，仍旧闷闷不乐，如此大费周章，一点进展也无。克伦拍手笑道："对方已中计矣。如今再携友人同往，问其索回方才于友人面前托管之一百英镑。若对方拒绝，便以友人为证起诉之。"农夫始觉克伦之计甚妙，雀跃而去，欢喜而归，两百英镑皆完璧归赵。

若非法学法术兼顾者，不能成法学家也。克伦变无证事件为有证事件，将漏网之徒引入法网，手法之妙，堪称法学界之张良也。

约翰·菲尔波特·克伦（1750～1817年）

三五、“He shakes his head，but there is nothing in it!”

由克伦之法术忆起一事。明治十三年（1880），国际法之万国会议于瑞士首都伯尔尼国会议事堂举行。恰逢余正留学德国，因提议废止日本治外法权，亦列席。同会者中，有来自英国之公使森有礼君、法学家西川铁次郎君、来自奥国之书记官河岛醇君。

会上最具争议之议题乃国际版权问题，英国议员主张，保证版权国际效力之条约有其必要性，却遭美国议员强烈反对。

一纽约律师口若悬河，反驳英国前国会议员之国际条约必要论，慷慨陈词：“真理乃人类之共有物。发现、阐明真理之人，应满足于对人类之贡献以及伴随之名誉。不该因贪图私利而使真理普及受阻。诸位，请勿混淆学者与书籍制作贩卖者间之差异。”前国会议员闻之频繁摇头，以示不满。此时，该律师忽遥指议员之头，说道：

“He shakes his head，but there is nothing in it!”

此句既可意为“虽其摇头，然毫无意义”，亦可为“虽其摇头，然其脑中空无一物”。前国会议员且羞且恼，无发之颅兀自发光。与会者或失笑，或蹙眉。窃以为，一针见血之讽刺，巧则巧矣，然大庭广众，稍嫌过分。

尔后，余以为彼之机智乃美国式之辩论法，亦语之他人，然尔来三十余年，至大正四年（1915）之夏，翻阅克伦之轶事，偶见如下一事。

一日，克伦面向陪审官阐明观点，法官频摇其头。克伦遂说道：“诸位常见法官阁下摇头。所见之人或以为法官阁下与我等意见相左，实则不然。”（“Believe me，gentlemen，if you remain here many days，you will yourselves perceive that when his Lordship shakes his head，there's nothing in it.”）

以此观之，早前余固信之美国式，实则为爱尔兰式。上文之美国律师，或早余数十年前既已阅过克伦传也。

余读克伦此轶事，方察觉三十年来之误信，慨叹吾之知识之不可靠，更觉自疑反省之大必要。

三六、 女律师

古罗马时代，女子可担任律师，奥当西娅（Hortensia）、阿玛西亚（Amasia）皆为当时赫赫有名之女律师也。然一女律师名阿芙拉尼亚（Afrania），因有丑行，一时禁止女律师一说甚嚣尘上，希望狄奥多西一世（Theodosius）能于法典中添加此禁令。若以此推理，男子亦同样不可从事律师一职。

罗马女律师奥当西娅

三七、 可依腕力处置

《古事谈》[1] 中载有如下一奇闻。

觉融僧正[2]临终之时，门下弟子就遗产分配一事频繁催逼。僧正乃一代高德，将入涅槃之境，不复触及尘世，然周遭聒噪，不胜其烦，遂命笔砚，作一书，授予众弟子后入寂。众弟子一拥而上，欲依遗书分配遗产，料想必有定规数条，然开而见之，唯有六字：可依腕力处置。众僧哑口无言，面面相觑，扭打角力之事如何做得。白河法

① 《古事谈》：镰仓初期的故事集，源显兼（1160～1215 年）编写。收集了从奈良时代至平安时代中期的 462 篇故事，是关于天皇、贵族、僧侣的珍谈、秘话集。——译注

② 僧正：日本僧官之一，僧纲的最高级别。——译注

皇[①]有所耳闻，遂圣裁，亲定分配法。

盖僧正乃怜悯众弟子忘记出家本分，图钱财而龌龊，故小惩大诫也。

① 白河法皇（1053～1129 年）：日本第 72 代天皇，公元 1096 年出家做了“法皇”。——译注

三八、 决斗裁判

刑事审判发源于复仇，此乃不争之事实，最著名之证迹，便是刑事诉讼之起诉者如今虽为国家，然往昔则为私人。即被害者及亲属起诉，原被告对审，与民事诉讼相同。英国中世纪执行该规则，尤以杀人私诉（Appeal of Murder）最为著名。且此古老诉讼中，仍有更为古风之惯习，即决斗审判（Trial by battle）。被告可请求与原告决斗，一决正邪。扔手套便是请求之仪式。

决斗审判已久不执行，1770 年及 1774 年，议会曾提案废止之，然英国素来保守，且不喜除旧布新，如今既无请求决斗之人，亦不必特意废止，最终并未通过决议。于是，如此危险之法律未被废除，且渐忘于世人，然四十年后，世人意外遭遇觉醒之机运。

1817 年，有一起阿什福德对桑顿（Ashford v. Thornton）之诉讼。一男子名亚伯拉罕·桑顿，被控溺死一少女名梅里·阿什福德，由梅里兄弟提起“杀人私诉”。审判当天，当要求被告申辩时，桑顿毅然起立，高呼：“吾无罪也。吾敢以身相争。”遂脱其手套并掷之于地。此番举动正是决斗审判请求之形式。疾呼之声令人战栗，震惊了许久不曾记起决斗之世人。陪审法官皆主张不可许之，盖决斗审判乃古法，虽于形式之上尚未废除，终究为古代蛮法，已数百年未曾执行，实已失去效力。然而，该法俨然未被废止，故埃伦巴勒法官（Lord Ellenborough）以一言力压众议——“此乃国法”（It is the law of the land）——通过决斗请求。然决斗并未实际发生，原告见被告气势汹汹，心生恐惧，便撤回诉讼。

此事虽顺利了断，然舆论却为之喧哗。民众强力主张，欲根除决斗审判之蛮习，必要废除以复仇为根本思想之“杀人私诉”。1819 年，议会以六十四对二之绝对优势，通过“杀人私诉法”（Appeal of Murder Act）决议。杀人等重罪之私诉因此废除，决斗审判也以桑顿之请求告终。

中世纪决斗审判

中世纪决斗审判

三九、 板仓之茶磨、 大冈之镊子

周防守[①]板仓重宗乃德川幕府创业之名臣，由其父胜重举荐，承其后而任京都所司代[②]，乃博得“父知子而子不辱父”之令名。

一日，重宗问近臣：“世人如何看待余之裁决？”近臣如实作答：“百姓云威光所压，难悉语意。”重宗听之，自言乃吾之过矣，而后法庭面目一新。

重宗命人临白洲[③]之庭廊内设一障子，障内设所司代之席，席之右侧置一茶磨。重宗先面西而拜，后落座，于

---

① 周防守：周防国之守，周防国为古代日本行政地方区分下的令制国，今在山口县。——译注

② 京都所司代：日本江户时代，负责京都的警察、司法和政务的幕府官名。——译注

③ 白洲：日本江户时代审讯犯人的法庭，因铺满白砂而得名。——译注

障内碾茶听讼。有人怪之，问其故。重宗答曰："凡审判不可夹杂寸毫私心。叩拜西方，乃向爱宕①之神起誓，若萌生私心，立受神罚。且人心静时手平，心噪时手狂。碾茶听讼，可依粉之粗细见心之动静，而知判断之确否。再者，人之容貌各异，美丑之分起爱憎，爱憎存而生偏颇，此乃难免之人情。故闭障子，乃为不见人颜也。"

大正四年（1915）夏秋两季，上野不忍池畔举行江户博览会。场内陈列有越前守大冈忠相之遗品，中有镊子四柄，乃子爵大冈忠纲提供，旁有说明："越前守大冈忠相于奉行所断狱之际，常瞑目以此拔腮髯。"镊子大小共四柄，中有一柄约七寸长，尺寸惊人。其余三柄约三至五寸长，较之今日之普通之物，仍大数倍。余尝观戏剧，《菊畑》中智惠内②那般奴仆、相扑力士等角色常自怀中出一物，乃长达五寸之镊子，以此拔髯，或见大侠端坐长凳之上，持大镊拔髯，逍遥自在。余固信此乃戏剧夸张之最，然眼前之展品甚大于戏中之物，可见当时此等大镊乃寻常之物。亦可知以今推古乃危险之事也。

言归正传，大冈忠相拔髯，板仓重宗碾茶，皆有异曲

---

① 爱宕：爱宕神社位于京都市右京町嵯峨爱宕町爱宕山顶，供奉伊奘冉尊等五尊神。——译注

② 智惠内：歌舞伎《菊畑》中的主要人物，是主角鬼一的弟弟，同时也是虎藏的贴身奴仆。——译注

同工之妙，盖为平静内心，集中注意，公平裁判。拔髯瞑目听讼、隔障碾茶听讼亦同出一处。司法明吏至诚虚己以求公平，两者如出一辙。

*

大正四年十一月四日参拜相州高座郡小出村净见寺之大冈忠相之墓

同道之友，隔世之交，如若得以相语问，实乃人生一快事。

江户时代的法庭：白洲

四〇、 事务交接之典范

板仓重宗辞任京都所司代时，大小政务悉数整理殆尽，出讼事件皆裁决了断，不烦劳继任牧野佐渡守。唯有一疑狱，世人无不关注，板仓原封移交。素喜调嘴弄舌之京都人纷纷议论：“周防大人亦束手无策之诉讼，佐渡大人必亦无能为力。”且说佐渡守就职，立下裁决，调查明晰，判断公平，不独周遭官员，亦令冷眼旁观之满都士民刮目相看，众人满口交赞，曰佐渡大人尤胜周防大人，新所司代之威望信任立获千钧之重。

实则该疑狱重宗早有留意，多番调查，判决在即。然辞职之际整理事务时，有意留之，添附详细之意见书，移交佐渡守，佐渡守不过全然遵照板仓之意执行，再冠以己名。板仓不惜豹尾之功而割爱之，其扶持晚辈之先辈襟怀、虚己而添官厅威信之国士态度，崇高且令人敬慕。

四一、 贝壳放逐法

熟读希腊历史之人大抵皆知晓，雅典名将地米斯托克利（Themistocles）以贝壳放逐法（Ostracismus）驱逐政敌阿里斯提德（Aristeides），尔后大展经纶，大破敌军波斯。然何为贝壳放逐法？

希腊诸地、尤其雅典奉行民主主义，其结果便是中央政府势力极其微弱，动一兵之权力亦无。若有僭主野心之人收揽民心，则颠覆政府不过一举手之劳而已。公元前509年，雅典克里斯提尼（Cleisthenes）设新法，命之曰贝壳放逐法，旨在将在野政客之势力消除于萌芽状态，以防后患无穷。

贝壳放逐法乃弹劾投票，于一年一度之公民大会上，先决议其执行之必要与否，若通过，则次年公民大会上，执政官及五百人议员皆列席，令各市民投票。选票惯例以贝壳记之，因其音为 Ostrachon，故命名为 Ostracismus，即贝壳放逐法。开票结果若得票数六千以上，则该人被逐至国外十年（后改为五年）。然而，放逐并非惩罚，仅为一保安条例，对名誉权、市民权、财产权等无丝毫影响，期满后归国，可恢复以往身份。即便限期未满，亦可由公民大会决议召回。

弹劾投票首位牺牲者为希帕科斯（Hipparchos），法案创始者克里斯提尼亦于制定后第三年，因与波斯通敌之嫌疑，命运与商鞅同。阿里斯提德、地米斯托克利、客蒙（Cimon）、修昔底德（Thucidides）等诸位名人，亦频遭厄运，以致该法后来成为政客争斗之手段，两党对立之时，往往一致同意举行投票，以此互问鼎之轻重。公元前 416 年之投票，两党妥协，联手促使海柏波拉斯（Hyperbolos）得票被逐，该法之价值极大受损，尔后不复执行。

不独雅典，希腊之阿尔戈斯（Argos）、米利都（Miletus）、迈加拉（Mégara）等地亦执行类似之法，公元前五世纪，赛拉丘斯（Syracuse）执行该法，以橄榄叶——花瓣（Petala）代替贝壳，遂命名 Petalismus。

贝壳放逐法所用陶片

雅典的民主

四二、 汉谟拉比法典

（一）法律史一大发现

十九世纪法律史上有两大发现：上半叶之 1816 年，尼布尔（Niebuhr）于意大利维伦纳（Verona）城之教堂书库中，发现盖尤斯所著之《法学阶梯》；下半叶之 1884 年，哈尔布赫（Halbherr）与法布里休斯（Fabricius）两人于希腊克里特岛上，发掘出两千年前古老法典——格尔蒂石壁法。两大发现举世闻名，为法律史上之无价之宝，于法学之进步大有裨益。

（二）汉谟拉比石柱法之发现

二十世纪之法律史始于前所未有之大发现。1901 年 12 月至 1902 年 1 月，雅克·德摩根（J. de Morgan）率法国探险队于波斯古都苏撒废址，发掘出世上最为古老之法律汉谟拉比石柱法。该发现不仅法学意义重大，史学、人类学、社会学、语言学、政治学、宗教学等皆受其影响，引起学者极大关注，其条文被译为各国语言，且如今相关考证研究亦日有所进，种种著述层出不穷。古董家将不期而得之珍品称为“偶得之宝”，则石柱法真可谓古今无双之“偶得之宝”也。

法国政府极为重视，意欲向学界广而传之，先命让·文森特·夏尔（Jean - Vincent Scheil）译为法文，且出版影印版法典，即《波斯代表团备忘录（第四卷）：埃兰语与闪米特语文本》（夏尔著，巴黎：1902 年）一书。

稀世珍宝汉谟拉比石柱法如今陈列于卢浮宫博物馆。

（三）发现之预言

距今约四十年前之 1874 年，英国人乔治·史密斯发掘尼尼微及巴比伦遗址，得泥板抄本数块，依其文推测，圣经旧约全书中创世与大洪水等传说，恐早摩西时代数百年既已存于巴比伦之文字中，如此疑问遂成为历史学家、宗教学家间一大争议。之后，亚述国王亚述巴尼拔（Asurba-nipal，668 –626 B. C.）之图书馆被发掘，发现数个泥板抄本之碎片，如今陈列于大英博物馆，亚述学者认为，该抄本乃亚述巴尼拔国王之法典局部。迈斯纳博士（Dr. Meissner）精研碎片，从其文体推测，可知碎片上之条文属于古巴比伦时代。博士于 1898 年发表该论点，称该碎片之本体法典并非属于亚述巴尼拔时代，而是巴比伦王统初期。

翌年，德里奇博士（Dr. Delitzsch）赞成迈斯纳博士之考证，且进一步推测，该法典出自巴比伦第一王朝之汉谟拉比国王之手，乃汇集当时之法律编纂而出（Delitzsch，Zur juristischen Literatur Babiloniens – Beitraege. Zur Assyriologie. Bd IV S. 80.）。德里奇博士效仿拿破仑法典，将其定名为汉谟拉比法典，且预言，他日于巴比伦遗址中定能见其全貌。德里奇之说发表后不过三年，果不其然，法典现全貌，且预言之“汉谟拉比法典”之名亦中，委实令人叹服。

距今半个世纪前，勒威耶（Leverieres）夜观星象，发现天王星轨道有异，遂预言在天际数万里之外，必有一大行星，其引力波及天王星之轨迹。人们依其预测，于其预言中不到1度之位置，发现海王星。汉谟拉比法典之发现与其颇有异曲同工之妙。汉谟拉比法典之于法学、海王星之于星学，两者重要程度别无二致。

（四）石柱法

汉谟拉比法典雕刻于一圆石柱上。1901年12月末，先掘出一石柱碎块，翌年一月初，两碎块亦出，三者拼接为一完整圆柱，高2.20米，上周长1.65米，下周长1.90米，形似棒糖，下宽而上窄。其高度恰是一常人站立阅读之程度。柱体石质乃玄武岩，极其坚硬，依小藤教授所言，该石于日本称为“绿石”，筑波山乃由其构成。

石柱两面皆刻有楔形文字。正面分二十一栏，每栏文字六十五至七十五行，背面分二十八栏，每一栏九十五至百行，两面楔形文字总计三千余行。探险队阅读碑文，知其乃为巴比伦汉谟拉比国王之著名法典，总计刻有法规二百八十二条，然正面第五栏第六十六条至第九十九条被人为凿除，故只余二百四十八条可见。之后夏尔从大英博物馆中之泥板抄本中找出被凿除之条文三处，并填补之。此三十四条为何被凿，真实理由已不可知，后人推测，乃其后征服巴比伦尼亚的埃兰国王苏特鲁克纳愔特（Sutruk Nakhunte，1100 B. C.）为刻记战胜之纪念文，而命人凿除。除却该石柱，德摩根于苏撒亦发掘出巴比伦国王之纪念碑五座，然五碑皆有部分被凿而复刻苏特鲁克纳愔特国王之名。以此可见，德摩根发掘之地，恰是诸如战胜纪念博物馆之处。

据说该石柱起初建于希拔（Sippar）之埃巴巴尔（Ebabbara）日神神殿前，公元前1100年，埃兰人（Elamite）之王苏特鲁克纳愔特征服巴比伦，将其作为战利品移至苏撒。

汉谟拉比石柱建于多处，传说苏撒石柱之外尚有数个。苏撒既已出土第二块碎片，据称建于巴比伦埃萨吉拉（Esagila）神殿前。

石柱表面上部乃日神沙玛什（Schamasch）之雕像。日神头戴四层螺旋冠，端坐王座，肩后左右各有三束光，右手持一长物，做授权状，而左手持一圆物。依耶利米亚（Johannes Jeremias）之解释，沙玛什右手所持之物为石笔，智之表象，左手之圆物则为时或年之表象。格林则解释为，右手之长物为笏，左手之圆物为环。日神面前，汉谟拉比国王立而礼拜。其右手指天，乃巴比伦祈祷之礼节。关于整个图像之意义，众说纷纭，而法国探险队成员之一、最早翻译法典之夏尔认为，此乃日神向汉谟拉比授法之图。美国翻译家哈珀亦采用该说法。然而格林并不赞同，只因法典中并未提及王法神授一说。序言中有“听从天地审判者沙玛什之命，朕希冀正义之光普照大地”以及“马尔杜克之神为治民救国，命朕立法而扬正义于世，以增民众之福祉”等句，可见日神授此法典于汉谟拉比有误。格林认为，石柱初建于希拔之日神神殿前，故刻有膜拜日神之图，若立于马尔杜克神殿前，碑上之像则必为马尔杜克。德里奇则认为，沙玛什乃马尔杜克神性之一面，故不能以碑中之文否认日神授法一事。格林继而反驳，沙玛什为马尔杜克神性之一面之说，乃新巴比伦产生一神教时代之思想，出现于久远之后世。孰是孰非，吾辈门外汉不得正解，唯有一事了然：该法依神授之权而立，法之效力之基础为神意。

（五）石柱法的内容

石柱法之内容主要为私法、刑法以及官吏法，与诉讼法、法院法直接相关之内容极少，有异于其他原始法。原始法中多以赔偿、刑罚、诉讼为主，其私法为习惯法。而该成文法之内容多有私法规定，乃古代法中之异例，值得研究。

此外，法典中多有变态，于其他原始法中不曾见，学者亦苦于不知如何做解。例如，妇女之法律地位极高，而其他原始法中，妇女无独立身份，且常被视为男子之所有物。该法典中，母亲被称为“家神”，酒类销售乃妇女之专权等，妇女权利相关之条文为数不少。此外亦不乏商工农业、运河、造船、医师、兽医、合同代理等相关规定。

由此判断，汉谟拉比时代之巴比伦已是高度文明之国度。然法典中序言与正文均有表示，该法来自神意，制裁乃神罚，且刑罚规定中有反坐法、祷审法①等，亦拥有低级文明之法律特质。

法典之规定皆用因果法，殆无命令法之体裁。例如，无“应做何事”或“勿做何事”之规定，而是“做何事或不做何事便有如何之结果”。古代法中，摩西十诫乃命令法，其余旧约全书中其他之法、十二表法、德意志民族法等原始法多用因果法之体裁。故耶利米亚认为，汉谟拉比

① 祷审法：印度古代诸法典中大体均有各种神判方式的规定，此等审判皆与庄重的祈祷同时进行，因此亦称为“祷审法” （purikeh，parikyah）。——译注

法典乃根据判决之例制作，故采用如此体裁。

（六）世上最古老法典

汉谟拉比法典乃迄今为止发现的最古老法典，若根据公元前2000年之说法，比旧约全书之摩西之法早600年至700年。尤其摩西之法众说纷纭，或云数法合并统称摩西之法，或云非摩西制定，故精确之年代不可知。若将西奈山之十诫定为公元前1491年，则比汉谟拉比法典晚609年。摩奴法典之时代亦众人各执一词，婆罗门信徒相信其出现于创世之初，近代有学者或云于公元后，然公元前1000年之学说较多。若依此一说，汉谟拉比法典比摩奴法典早1000多年。另外，希腊庇塔库斯法为公元前800年左右，较之汉谟拉比法典晚1300年。梭伦之法为公元前600前左右，晚1500年，格尔蒂法典为公元前500年，晚1600年。罗马十二表法为公元前450年，晚1650年。

汉谟拉比法典比上述古代诸法典古老了五六百年甚至千年，堪称世上最古老之法典，然此番结论仅依据年代而定。若从法典内容观之，4000年前之巴比伦，开化已颇有进步，且法典之体裁以及法规并非最原始状态，故日后兴许尚能发现比汉谟拉比法典更为古老之法律。

（七）汉谟拉比国王

大立法者汉谟拉比（Hammurabi，Chammurabi，Khammurabi，Ammurabi，Ammurpi）乃巴比伦第一王朝第六代之

王，亦为旧约全书中之暗拉非（Amraphel）。吾等无法确知汉谟拉比治世年代及年数，当是时，并非以建国，或国王即位诸事计算年数，唯以每年最著名之事来附加年号，例如“洪水之年”“埃兰战役之年”“日神殿建立之年”，故出土之“泥板”等所记年号，学者亦各执一词。然而，多数学者认为汉谟拉比乃于西历公元前2250年治世，即距今约4000多年前统治巴比伦人。亦有一说为公元前2100年左右，或公元前2130年至公元前2088年。故学者多认为其在位年数为五十五年，以为四十三年之人亦有之。吾辈门外汉无可适从，然而，并非多人赞同之说便正确。余通读后，以为公元前2100年治世说与在位四十三年说之证据较强。汉谟拉比国王即位后三十年间，锐意寻求治平之术，尚祭祀，听民讼，通运河，民心和而国力充实。至第三十年，起征服四邻之役，数年间统一巴比伦。征战之前，汉谟拉比王国仅屈居巴比伦北部一角，后以战争兼并南部诸城。汉谟拉比石柱法典乃巴比伦统一战争后，为治安与统一而制定，为汉谟拉比国王晚年之事业。此事可从法典序言中记有征服诸城之名，以及后文中“王已老”等文中清楚得知。

（八）汉谟拉比法典与摩西之法

汉谟拉比法典之发现引发比较法学之种种新问题，其中汉谟拉比法典与摩西之法两者关系最为重要。或有摩西之法乃直接继承汉谟拉比法典之说（直接继承说），或有间接通过阿拉伯人继承之说（间接继承说），或有两者皆来自阿拉伯古法之说（共同法源说），或有该二法之类似不过为参照古代法之暗合之说（暗合说）。四种学说中亦有种种异论，学者之见尚未一致，然多数学者认为两者之间有本末或共源之关系。

欲论定两者关系，除却一般法学知识外，尚要通闪米特语、旧约全书历史，且考虑本夜话之目的，必会过于细微，故此处略去该论点之介绍，若欲深入研究，可参看以下诸书：

Johannes Jeremias, Moses und Hammurabi. 1903.

S. Orelli, Das Gesetz Hammurabis und die Thora Israels. 1903.

Dav. H. Müller, Die Gesetze Hammurabis und ihr Verhältniss zur Mosaischen Gesetzgebung etc. 1903.

Hubert Grimme, Das Gesetz Chammurabis und Moses. 1903.

S. A. Cook, The Laws of Moses and the Code of Hammurabi. 1903.

中田薰博士：《汉谟拉比法典与摩西法之比较研究》（《史学杂志》第二四编第二号所载论文）

（九）汉谟拉比法典相关书籍

汉谟拉比法典相关书籍，至1902年夏尔出版原文影印版与译书以来，各国亦争先出版，数目庞大，余所有之书与所知之书，如下所记：

Scheil, Dèlègation en Perse. 1902.

H. Winckler, Die Gesetze Hammurabis. 1903.

C. H. W. Johns, The Oldest Code of Laws in the World. 1903.

Georg Cohn, Die Gesetze Hammurabis. 1903.

D. H. Müller, Die Gesetze Hammurabis. 1903.

Robert Francis Harper, The Code of Hammurabi, King of Babylon. 1904.

D. H. Müller, Syrisch – Roemische Rechtsbuch und Hammurabi. 1905.

Chilperic Edwards, The Oldest Laws in the World. 1906.

从上述书名可见，1903年出版物最多，其余各国学者研究结果亦于后大量公开。

汉谟拉比法典（法国卢浮宫）

四三、 格尔蒂石壁法

（一）发现先驱

希腊克里特岛因之为欧洲最古老之法治齐备地区而闻名。格尔蒂（Gortyn）、克诺索斯（Knossos）与扎克罗斯（Zakros）并称岛上三大都府，其中格尔蒂古代由贵族治理，部分贵族交替行政，立法权属于市民议会，而司法权则由岛上数个裁判区单独行使，独立判案。

1863 年，法国人托农（L'abbe Thénon）于克里特岛获一石片，上刻有古文。托农将其发表于《考古学杂志》（Revue archéologique），向学界介绍之。尔后石片陈列于卢浮宫博物馆，篆刻之文为断篇，乃养子相关法令，经考证，多半为知名之格尔蒂法典之局部。

尔后十七年，奥苏尔耶（Haussoulier）亦获石片两块，公布于《古希腊通讯简报》（Bulletin de correspondance hellénique）杂志。两块石片破损严重，其一记有婚约法令，其二殆无法读取，从前后关系推断，应为女户主财产相关法令。

前后两回之发现，恰如于波斯发掘亚述巴尼拔国王之图书馆遗迹时发现之泥板，后成为发现汉谟拉比法典之先驱，学者亦抱有希望，必定于某地发现格尔蒂法典之全貌。

（二）壁法之发现

1884 年夏天，克里特岛格尔蒂镇之古址十圣山（Hagioi Deka）有一水车沟渠，引自勒泰俄斯河（Lethaios），人们于此沟渠中偶得一刻有古文之壁石。该石貌似大石壁之局部，水车主人马诺利斯（Manolis Eliakis）将此事告知弗雷德里科·哈尔布赫博士（Dr. Frederico Halbherr），博士喜悦非常，即刻着手石壁发掘与古文字之誊抄。当年秋天，获厄恩斯特·法布里休斯博士（Dr. Ernst Fabricius）协助，石壁发掘最终完成，法令亦誊抄完毕。不仅如此，此前数块石片，均证实为该石壁之残片：托农发现之石片，乃第五十八至六十条法令；奥苏尔耶发现之两片，为第三十九条与第四十八条。然而，该石壁中尚欠缺数块石片，或于挖凿沟渠时遭损毁，后遗失。因有缺损，故无法恢复全部法令，实在遗憾。

最先将石壁法之法令公布于众之人乃法布里休斯博士。博士于《德意志雅典考古研究会通讯》（Mitteilungen des

deutschen archäologischen Instituts zu Athen）刊登该法令，尔后意大利杜梅尼科·孔帕雷蒂教授（Domenico Comparetti）亦在与哈尔布赫及法布里休斯博士协商后，将其于意大利公布。石壁法遂成为欧洲诸国学者研究之良题，尤以德国之知名著述居多。考证结果虽稍有差异，依诸说一致之处，石壁法之大概如下所记。

（三）石壁法

石壁直径三十三米，乃一圆形大建筑之外围墙体，法令以牛步状（bustrophedon）雕刻其上。所谓牛步状，即由右端直线行至左端，于左端回旋至右端，复回旋至左端之写法（达雷斯特认为自左向右）（Dareste，La Loi de Gortyne），状如牛犁田之轨迹，为相当古老之书写方法。

雕刻高 1.72 米，恰好为一常人站立阅读方便之程度，宽 9 米。石壁有接缝，法令雕刻其上，分十二纵栏，每栏五十三至五十五行，每行二十至二十五字，文字涂成赤色，一目了然。

上述之圆形建筑应为其他大建筑之局部，其北侧石壁亦刻有法令条文，然据说为后期所建。当时有刻法令于铜板颁布之例，此圆形建筑乃法院，故其外壁刻有法令以示公告。

（四）石壁法之年代

石壁法制定之人与制定年代等谜团，无法通过法令与建筑模样得到解答，故学者意见不一。例如，基尔霍夫（Kirchhoff）从克里特货币比较考证之，认为其不早于公元前五世纪中叶，多数学者则认为公元前400年左右。达雷斯特认为，法令之字体乃公元前六世纪出现之物，布彻勒（Franz Bücheler）与泽特尔曼（Ernst Zitelmann）认为，石壁法出现时间介于柏拉图之《法律论》与《十二表法》之间，比埃福罗斯（Ephoros）之《克里特志》早二三十年。

石壁法年代之考证虽颇有趣味，然多涉及细密之处，故以其为夜话之题实不恰当，如今只简单以一二例示之。与亚里士多德同时代之埃福罗斯《克里特志》中记有石壁法既定之法则，故石壁法早于亚里士多德时代。杜西亚达（Dosiadas）所写娼妓之事，较之石壁法已有长足进步，故石壁法早于杜西亚达著书之年——公元前280年。此外，当时尚未有形式主义，且法令体裁为因果法而非命令法，可窥见石壁法颇具原始法之属性。然而，从内容观之，私法规定已为成文法、规定内容抽象以及未混合道德法等处之存在，亦可知石壁法已经脱离原始法之性质。虽说如此，依据石壁法乃古法之说，克里特岛自古便是以法治闻名之地，有神授法权于米诺斯（Minos）之传说，梭伦、庇塔库斯等法学大家亦曾渡岛调查法律，且有传言，庇塔库斯聘岛上诗人编写法律，故岛上法律思想比古代颇为进化。因此上述所举之特征，并非能否决石壁法为古法之说。

（五）石壁之内容

因格尔蒂石壁法分为十二栏，往往有学者称其为“格尔蒂十二表法”。石壁法虽如法典，却并非包含国法之全部或一种法律之全部。石壁法之内容为私法规定，尤以亲属法、继承法、奴隶法居多。故全无纯刑法等其他公法，且私法亦仅为部分。盖其为法院之壁法，仅规定该法院管辖之事件，即人事法。

石壁法仅为私法之部分，其余则保留原有旧法，且法条中有说明，石壁法中既有旧法原文，亦有修正后之旧法。

欲详知格尔蒂石壁法之读者，可参看以下书目：

Bücheler und Zitelmann, Das Recht von Gortyn.

Baunack, Die Inschrift von Gortyn.

Lewy, Altes Stadtrecht von Gortyn.

Bernhöft, Die Inschrift von Gortyn.

Simon, Die Inschrift von Gortyn.

Dareste, La Loi de Gortyn.

格尔蒂法典所处圆形露天竞技场

格尔蒂石壁法典

四四、 伊吉丽亚之泪泉

罗马市近郊，有一处至今保存尚好之森林，名称优雅，称为“圣林”（Bosco Sacro）。千年古木郁郁葱葱，遮天蔽日。森林尽头为悬崖，有一处瓦砖修建之瓦壁，壁中央向内凹陷，横卧一女神像，四周墙体遍布苔藓，隐藏千载之往昔，而神像之手与首已缺失，令人慨叹世运之变迁。女神像下三泓清泉潺潺流淌，此乃举世闻名之伊吉丽亚（Egeria）之泪泉，神像即为伊吉丽亚之像。

此处乃一神秘恋情传说之旧迹。相传以宗教立法而巩固大罗马帝国根基之努玛王，与女神伊吉丽亚相恋，时常于水神之林与其密会，并皈依女神之教而制定礼法。

罗马之建国，虽多仰仗罗慕路斯之兵威与胜仗，然若非此后有努玛之立法，亦无他日世界帝国之开基。依兵创业，依法守成，国必永荣。努玛之罗马便为其中一例。

努玛本为被征服之萨宾人，然初代国王罗慕路斯薨殁后，于市民之推戴下，遂登上王位。努玛早有远见，欲统御勇悍粗野之民，必要依靠信仰与法制之力。其守成之策主要为制定宗教典礼，使民皈依。借神威而强法之力，以此统治驾驭粗野不逞之民于规则下，此乃古代英雄之惯用手段，汉谟拉比、摩西、米诺斯及庇塔库斯等大立法者皆精于此道。

传闻努玛国王修毕达哥拉斯之哲学，亦有云其受教于毕达哥拉斯后，制定宗教立法。然努玛对外宣称，自己于罗马郊外“水神之林”与女神伊吉丽亚相会，皈依其教，制定礼法。

其托言便是努玛与伊吉丽亚之恋。努玛被女神伊吉丽亚所爱慕，时常避人耳目，于水神之林中密会，亦于此地制定礼法，受教于女神。然人生有限，欢乐短暂，努玛竟崩逝。女神伊吉丽亚始知人间之哀别离苦，抢天呼地，每夜于林中泣至天明。泪珠遂化为林中一涌泉，悲痛之泪源源不绝，千载难尽，如今仍有清泉至女神像下涓涓流出，即传说中伊吉丽亚之泪泉。

回首十余年前，明治三十二年（1899）秋风初起之时，余游至罗马，一日，同冈田朝太郎博士数人同访伊吉丽亚泪泉之遗迹。立于清洌可掬之泪泉前，余手持雪茄，吞烟吐雾，与同行诸位畅谈伊吉丽亚之故事，得意之余亦忘却时间之推移，待要归去之时，不见先前切雪茄口之小刀。四处遍寻，皆无果，想必已坠入泪泉中。同行之冈田博士即席赋诗一首：

神圣密林芳草地，
女神往昔乃王妻。
如今只余泪泉涌，
小刀遗落无踪迹。

伊吉丽亚听闻努玛去世噩耗油画

四五、 伊达氏之法典 《尘芥集》

《尘芥集》乃奥州①伊达家十三代稙宗于天文五年（1536）制定之法典。稙宗为勇武绝伦之将，时与邻国战而大捷，将军足利义稙赐偏讳为稙宗，任奥州探题，②威服东北。稙宗老年采取治平之策，于天文二年（1533）定质物法，③ 天文五年（1536）与家老④评定人议定式目⑤一百六十九条。今伊达家所存式目之原本题为《尘芥集》，《仙台文库严书》第二辑亦收录之。依《仙台文库严书》出版

---

① 奥州：日本旧时的陆奥国。——译注

② 探题：日本镰仓与室町幕府的官职名。设于地方要地，掌管政治、军事和审判等。——译注

③ 质物法：即抵押法。——译注

④ 家老：日本江户时代在大名家中统管藩政的重臣，由数人合议，轮流主政。——译注

⑤ 式目：即法规条款，是日本武士执政时代，将法规逐条记载下来的文书。——译注

者作并清亮氏之序中所言，该题号似为式目制定当初所写。然如此重要之文书为何取如此轻微之名，多方考量，仍不得解。《大日本古文书》家别①第三、伊达家文书卷之一收录一书，表纸书有《稙宗样御家老 御成败式目》，条款之首题为《尘芥集》。然传闻此原本乃后世之抄录，“御成败式目”乃仿《贞永式目》之称呼。

《尘芥集》之跋文中云：

> 此一部者，伊达十三代稙宗朝臣所令录，在判②并家臣之连判③，诚可重宝之书，顷村田善兵卫藤原亲重令进上之处，破坏之间，令畑中助三藤原经吉新写，加奥书④也。
>
> 于时延宝七年季东朔日　　伊达十九代左少将藤原朝臣网村（花押⑤）

---

① 家别：《大日本古文书》，由东京大学史料编纂所编纂、刊行的日本史的古文书集，自明治三十四年（1901）开始刊行。此书分“编年文书”“家别文书”“幕末外国关系文书”三部。“家别文书”将古代至中世的古文书按照二十二位藏书者的顺序来收录，占《大日本古文书》之大半。——译注

② 在判：署名盖章。——译注

③ 连判：多人共同署名盖章。——译注

④ 奥书：即跋文。——译注

⑤ 花押：在署名下面添写的将汉字图案化的独特符号。——译注

有人依此跋文认为，此书曾如废纸埋入尘芥间，故日后方才如此附名。然祖先所定之治国宝典，子孙及家臣如此题名，难以令人信服。

《尘芥集》有两大特色。其一，《尘芥集》合计一百六十九条，乃《贞永式目》之条数三倍以上，为武家法典①中最浩瀚且周密之书。其二，条款以假名写成。当时之法令以镰仓风之异体汉文居多，或有假名，然所用汉字极多。而《尘芥集》条款殆为假名。《大日本古文书》中收录之文多有汉字，盖为誊写原本时改之。或许当时官民中不通汉字者多，为便通读了解，立法者遂用意至此。

稙宗制定法令之初，体裁仿《贞永式目》之：

> 於二先々成敗一者、不レ論二理非一、不レ及二改沙汰（あらためざた）一、至二自今以後一可レ守二此状一也。（于早先惩戒者，不论理非，不复通知，自今以后应严守此状也）

① 武家法典：武家，广义上指“武士家族”，镰仓时代以后，就成为幕府、将军家族及其下属大名的总称。因为幕府是武家政权，因此需要通过制定武家独特的法典，来维持武家社会的秩序。日本历史上第一部武家法典是《御成败式目》，制定于贞永元年（1232），后世亦称其为《贞永式目》。——译注

于卷首写：

せん/\のせいはいにおゐてハ、りひをたゝすにをよハす、いまよりのちハ、この状をあひまもり、他事にましハるへからす。（于早先惩戒者，不论理非，自今以后应严守此状，不可为他事）

稙宗将神社之事置起首，且卷尾之誓文亦与《贞永式目》同用一文，仅于结尾处增补数行，可见其仿效。然其规定内容多系首创，沿袭《贞永式目》之处极少。尤以私法规定较多，买卖、借贷、抵押、土地边界、婚姻、损害赔偿等规定颇为周密，多达数十条，亦可谓此律书之特色。

四六、 山本大膳之五人组账

五人组法令通常作为五人组账前言载之，定期令民诵之，其跋文中有誓文如下：

> 每一条款应理解并严守之，若有违背，当处刑罚。

其后名主、百姓代、组头①等人于此盖章。

五人组之起源尚不明确，然宽文年间确有五人组账之书。五人组之规定载于记有五人组姓名之账簿前，故通称《五人组账前书》。前书之条数逐年递增，尤以元禄以后渐多。余所藏之元禄年间五人组账前书中仅有二十三条，而

① 名主：日本江户时代的村长，与百姓代、组头合称地方三吏；百姓代：监督村民，同时为村民代表；组头：名主的助手。——译注

享保年间之五人组账前书竟多达六十四条。而后至天保七年（1837），幕府代官[①]之山本大膳，增补修正享保之五人组账前书，定一百四十五条五人组规则，即闻名之山本大膳五人组账。

山本大膳居江户骏河台铃木町，累代任代官，其人敦厚，劝忠孝，励勤俭，于治水有功，为当时颇有令名之人。余所藏之山本大膳五人组账，为佐仓之藩士宫崎重富于天保十年（1839）手抄而爰藏之物，见宫崎氏于卷尾所作之语，足可窥见当时山本大膳之五人组账为世所重。其文如下：

> 天保己亥，春予以所摄金谷之事，奔命于江都，寓龙口上邸中，一日奉谒："君公，启我所职封内民事。"乃君公出一小册，自手授之曰："此县令山本大膳上梓所藏五人组牒者，而农政之粹且精，未有过之者也，汝赍归佐仓，示诸同僚及属官，可以重珍也。"予拜伏捧持而退，既而归佐仓，如君命遂以册子置之官厅，别手写一通置坐右，实我公重民事之盛意，而可谓臣僚不啻，封内民人大幸福也，因记其事于册尾云。

① 代官：日本江户时代管理幕府的直辖地、征收税租的地方官。——译注

四七、 大木司法卿之造词造字案

法为国民意识之表现，一国之法移植至他国，绝非易事，几多心劳、几多岁月方渐适民情，方能应时要。然而，本邦明治维新之诸多大政治家，因过去皆权大势重，如今观未曾见之泰西文化，思忖将来亦有必要修改条约，故众人皆信，能一举将他国文物制度移植至本邦。江藤司法卿译法国民法以作本邦民法用，乃最大胆之举，而后，大木司法卿亦引入泰西法律，译语之作困难重重，且译语之意本为彼有我无之事物，故国民观之皆为新语。因此大木司法卿认为，取彼语之发音为我所用，便可彼我相通，遂索性制一新字，发彼语之原音，视同原语。司法卿遂于司法省内置委员，命当时精通中文之郑永宁①等人造法学新字，

① 郑永宁（1829～1897 年）：日本明治初期的翻译官、外交官，驻中国公使。——译注

委员之草案成于明治十二年（1879），于明治十六年题为《法律词汇》出版。该书乃一千一百七十余页之巨著，以abc之序排列法律术语，后附有译语或新语、新字，亦添加有本义、释解、参照，实乃本邦法律史上之无双奇书。有关书中所载之新法律术语及新字之标准，郑永宁于卷首“音释字例”中，做如下说明：

> 一、兹奉堂谕，用支那字，释法国律语之音，其旨趣为，凡原语难译者、及虽可译而不得尽其义者，皆意译，另以汉字，照缀原字之音，更约并之，归纳为二字或一字，以吻合其汉音，发洋音，看者观之，犹如视原语，其之所以渐次约并，乃尚简捷。
>
> 二、为一字者，虽皆似新样，然非敢仿古人制字之法，动辄以其旁画涉疑似，加入“凵”“冂”等片爿，故乱字形，以示与真字之分别，且此字无音无义，即缩原语之音，为此字之音者。
>
> 三、新字之头有“ロ”者，乃“亚（ア）”头之语，其余之“エ”“イ”“オ”“ユ”作“埃”“伊”“阿”“俞”头之语，有“＝”者，为“匐（ベ）”以下之单字头。今举一例见之，“a”头之语所作之新字，皆附有“ロ”冠。

例如：

Acte 亚克土（アクト）行为、证书、亃（アツ）

Action 亚克孙（アクシオン）、株权、诉权、温（オン）

Adoption 亚陀不孙（アドプシオン）、遏喷（アプオン）、养子、慁（アオン）

此外，“e”头之语所作之新字附有“工”旁。

Expropriation 埃克不啰不略孙（エクスプロプリアシオン）、渥礬（ウーパン）、征收、璩（エアン）

Epave 埃叭附（エパヴ）、失物、壆（アウ）

Exception 埃克色不孙（エクゼプシオン）、易损（エクスオン）、例外、琦（イウン）

“i”头之字皆有“イ”旁。例如：

Indivisibilité 因地微逝皮重太（インデイヴイジビリテ）、维誓（ウエイツエイ）、不可分、僋（イー）

“u”头之字有“ユ”（字号相同）冠。例如：

Unilatéral 愈尼剌太喇立（ユニラテラ°ル）、挪他（ヤーター）、单方面、䨻（ユアー）

其余悉数附有“ロ”旁。

Bail 友揖（バイ）、出租、嗷（バイ）

Donation 陀纳孙（ドナシオン）、赠与、嗵（ドアン）

当时为行此事，数年间花费巨大劳力与费用而画饼，甚为有趣。

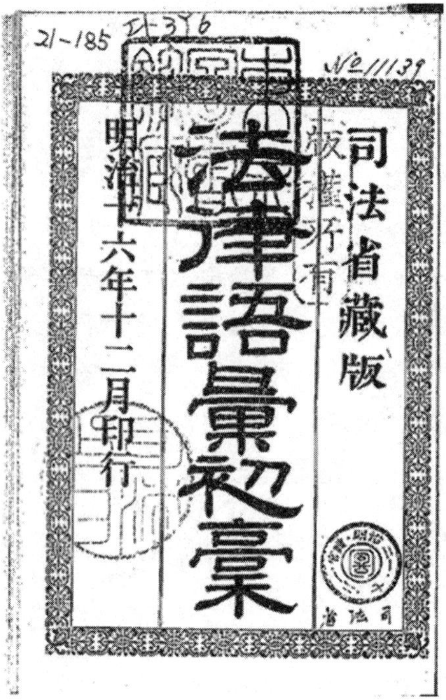

《法律词汇》书影 1

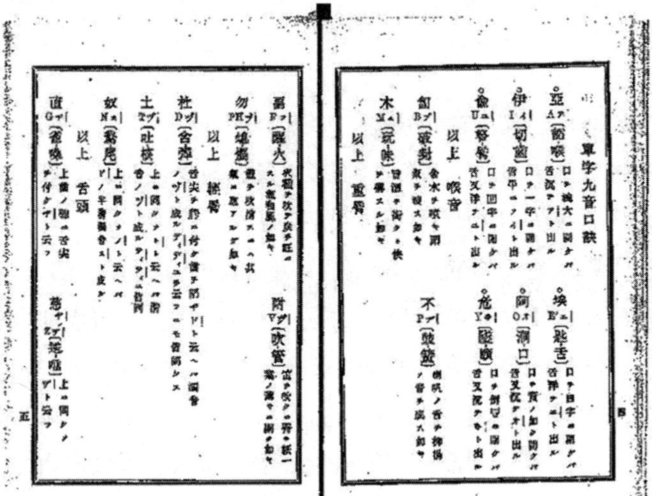
單字九音口訣

亞 A ア（[illegible]喉）口ヲ[illegible]大ニ開クハ舌沈マアート出ル

伊 I イ（切齒）口ヲ一字ニ開クハ舌巾ニハイート出ル

烏 U ウ（[illegible]）口ヲ圓字ニ開クハ舌又浮ナウート出ル

以上 喉音

埃 E エ（[illegible]舌）口ヲ[illegible]字ニ開クハ舌浮ナエート出ル

阿 O オ（洞口）口ヲ[illegible]ノ如ク開クハ舌又沈アオート出ル

危 Y [illegible]（[illegible]）口ヲ[illegible]ニ開クハ舌又沈[illegible]ト出ル

卻 B ブ（破[illegible]）含水ヲ吹ク[illegible]敵ヲ[illegible]スル如シ

不 P プ（[illegible]）[illegible]ノ音ヲ[illegible]大如シ

木 M ム（玩味）[illegible]ヲ銜クニ快ヲ[illegible]スル如シ

以上 重脣

四

[illegible] F フ（[illegible]火）[illegible]スル[illegible]ノ如キ

附 V ヴ（吹管）[illegible]ノ[illegible]如キ

勿 PH フ（[illegible]）[illegible]如キ

以上 [illegible]

杜 D ヅ（含[illegible]）舌尖ヲ[illegible]ト云ヘハ[illegible]ノヅト成ルヂヅ[illegible]ト云フ

土 T ツ（吐核）上ニ[illegible]ト云ヘハ[illegible]ノツト成ル[illegible]

奴 N ヌ（[illegible]尾）上ニ[illegible]ト云ヘハ[illegible]ノ[illegible]

以上 舌頭

直 G グ（[illegible]）上[illegible]ノ[illegible]ニ舌尖ヲ付クグト云フ

[illegible] Z ヅ（[illegible]）上ニ[illegible]ヅト云フ

五

《法律词汇》书影 2

四八、 法律术语

现时所用之法学用语，多源自西洋之术语，固有之日语或汉语者极少。故洋学舶来之后，为翻译且铸造我邦之术语，率先引入西学之诸多前辈劳苦功高。

古来有专骂懒人之谚语："竖立之物亦懒得放倒"，然和田垣博士之《吐云录》中有一名言："世间再无比放倒竖立之物、扶起放倒之物更艰难之工作。"兰学[1]者初译兰书之困难自不必多说，明治初期之法政学者始作法政术语之苦心，实亦相通。尤其泰西法学之输入、法政术语之翻译铸造，相比津田真道、西周、加藤弘之、箕作麟祥四位先生，余甘拜下风。幸得津田先生之《泰西国法论》、西

---

① 兰学：日本江户时代通过荷兰语研究西方学术、技术等学术的总称。下文所涉及的"兰书" "兰译本"等表述中的"兰"皆指荷兰。——译注

先生之《万国公法》、加藤先生之《立宪政体略》《真政大意》《国体新论》以及箕作先生之《法兰西六法》之翻译，明治十年前后，总算可用日语说明泰西法律，然而明治二十年之前，以日语讲述法律之学理，仍为艰难之事。

明治十四年（1881），余任东京大学之讲师，课程殆为外语，或以英语授课，或授学生以外国书本，依此教学。故痛感须尽快以日语讲述全部法学，遂自法学通论起，每年增加一二门日语讲义科目，至明治二十年左右，用语大体既定，虽有不全，然诸科目皆可以日语授课。

如此将法学国有化，选定用语乃第一急务，然仅靠诸前辈所定之术语尚尤不足，且须改正之语亦不少，故明治十六年（1883）起，余与宫崎道三郎、菊池武夫、栗塚省吾、木下广次、土方宁商定，召开法律术语之选定会。当是时，九段下玉川堂①乃笔屋兼会场租赁，借一室，与上述诸君每周几会，选定译语。且余自明治十六年起，于大学法学部另设课程，皆以日语教授之。

盖因此番经历，余对法政术语之由来备感兴趣。故余欲追忆重要用语之由来，道于诸位听之。回忆之事，难免间或有误，亦有遗漏，然仍可依此一窥法律继受之路径。

---

① 九段下玉川堂：文政元年（1818）创始，专卖笔墨纸砚的老字号。——译注

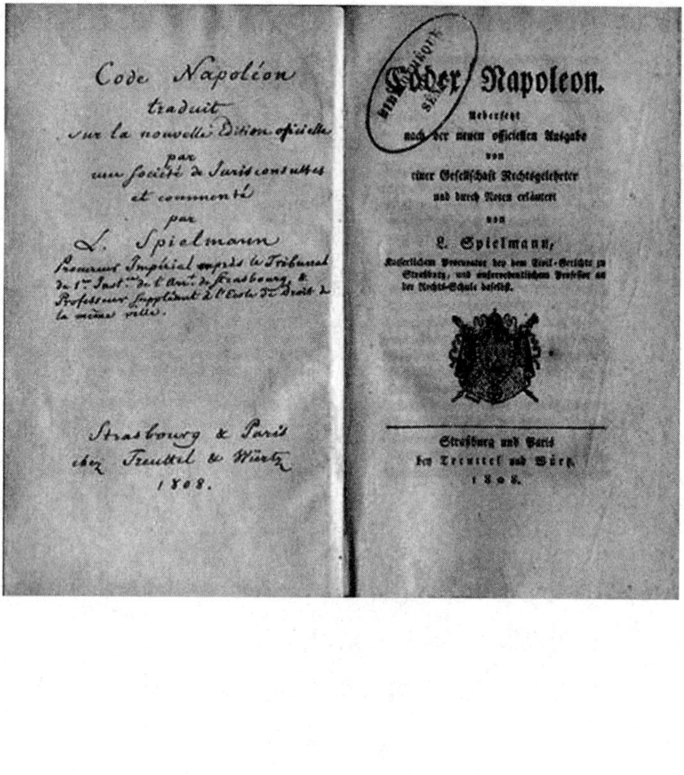

《法兰西民法》1808 年版书影

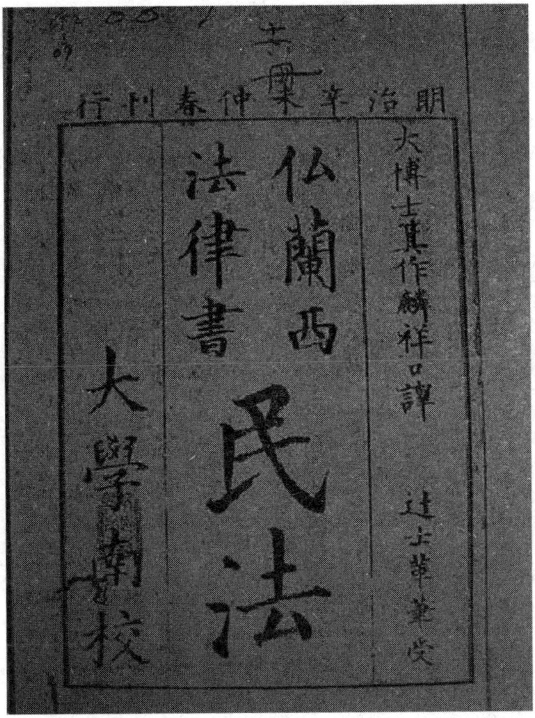

箕作麟祥译《法兰西民法》（1871 年）书影

四九、 法理学

明治三年（1870）闰十月，大学南校[①]规则始见“法科理论”，余度其名尚妥。本邦首批留学生西周先生乃泰西法学之泰斗，先生于文久年间留学荷兰，将所学之 Naturregt 译为“性法学”。司法省之法学校将其称为“性法”，法国法派则称其为“自然法”。明治七年（1874），东京开成学校[②]始设法学，然彼时尚未有该学科，翌年，以“法论”为名开设此课。此后，明治十四年（1881），余教授此课，稍觉不妥，因佛家有一词曰“法谈”，若为“法论”，闻之有训诫之嫌，佛法之感，且余不甚喜好以“论”

① 大学南校：日本明治初期的官立西洋学校，是东京大学法学、理工、文学部的前身。——译注

② 东京开成学校：日本明治初期的官立洋学教育机构，是东京大学前身之一。——译注

字表学名，故将其改为“法理学”。余尝欲译 Rechtsphilosophie 为“法律哲学”，然言及哲学，世人多限于形而上学（Metaphysics），故各学派之人教授此学科皆选无争议之名称，遂成法理学。

近代启蒙思想家箕作麟祥（1846～1897 年）

五〇、 宪法

“宪法”一词自古有之，广为传用，诸书中多可见，其中以圣德太子之《十七条宪法》最为知名。然早年间，宪法一词并未如现今这般用于表示国家之根本法。德川时期有书名曰《宪法部类》，为手抄本，分类收录享保①之后的诸法令，内容分两类，其一为享保至明和年间诸法规，自第一卷《殿中向》《御城内》《下马》至第十卷《诸御书付》《诸奉公人》。其二为截至安永九年的诸法令，上至养子、户主、婚姻，下至金银钱财、米券等，类别众多。另有一部《宪法类集》，与《宪法部类》齐名，分类编辑天明七年至文政十二年之法令，自第一卷《武家诸法度》

① 享保：日本年号（公元1716~1735年）。——译注

《殿中向》《天花麻疹》《感冒》至第十五卷《借金出入》《仇敌与盗贼》《异国船》等。观上述分类可知，彼时“宪法”意义之广，可包罗所有法规。

直至明治时期，明法寮[①]编撰《宪法类编》，仍类似如今之《法令全书》。明治十年（1877），司法省出版《宪法志料》，由已故木村正辞博士编撰，涵盖推古天皇至后阳成天皇庆长年间的法令条文，内容分为《总类》《文武》《神官僧侣》《农工商》，书中亦将“宪法”视为一般法令。

“宪法”一词，语义沉重，或可指重要法律，然彼时却绝非特指国家之根本法。故西洋法学传至本邦之时，学者需为“constitution”“verfassung”等词创作新语。邻邦中国亦未见与其相当之译词，安政四年（1857），美国人裨治文于上海出版著作《联邦志略》，将合众国的“constitution”译为“世守成规”。庆应二年（1866），福泽谕吉《西洋事情》出版，该词被译为“律例”。庆应四年（1868），加藤弘之先生在著作《立宪政体略》中，将其译为“国宪”，明治五年（1872）出版之《国法凡论》亦采用“国宪”一词，“宪法”该词反而对应了 Gesetz，即成文法。

---

① 明法寮：明治时期，司法省内设置的培养司法官的法学教育机构。——译注

此外，庆应四年，津田真道先生出版《泰西国法论》，书中出现“根本律法”“国制”“朝纲”等词。

至此，何人最早赋予宪法一词现今之意义？箕作麟祥博士是也。明治六年（1873）出版之《法兰西六法》中，“constitution”被译为“宪法”。然而，彼时学者皆以宪法指代寻常法律，认为箕作博士所作译词不当。因此，连此后参与帝国宪法起草之已故井上毅先生，于明治八年（1875）翻译普鲁士宪法时，所用词汇为“建国法”。明治八年之《东京开成学校一览》依箕作博士之译语，采纳“宪法”一词，然翌年复改为“国宪”。明治十三年（1880），东京大学学科中仍称其为“国宪”。上文中明治十年司法省出版之《宪法志料》，亦将宪法视为法令广为使用。可见箕作博士所作译语，仍未被广泛采纳。

直至明治天皇勅定宪法制定之事，伊藤博文奉命进行宪法调查，“宪法”终成与“constitution”“verfassung”意义相当之词汇，帝国大学亦于明治十九年（1886）后始用“宪法”一词。

《联邦志略》著者美国传教士裨治文（1801～1861年）

五一、 民法

“民法”一词乃津田真道先生（彼时为真一郎）于庆应四年戊辰之年所创。箕作麟祥博士将法语 Code civil 译为“民法”之后，该词为大众所接受，故余始初笃信“民法”为箕作博士所创之译语，然问之于博士，博士否认其为己所新创，乃沿用津田先生《泰西国法论》中所载之词。余遂问津田先生，先生答曰，该词乃荷兰语 Burgerlykregt 之新创译语。法律译语多为诸前辈始创，几度变更方才固定，然唯独“民法”一词自始至终从未变化，亦未有其他译语。

日本近代启蒙思想的先驱津田真道（1829～1903年）

五二、 国际法

国际法之称谓在西洋亦多有沿革，初始与万民法（jus gentium）混同，亦被视为自然法（jus naturale）之部分内容。格劳秀斯（Hugo Grotius）之作《战争与和平法》问世后，该类法规尚未有独立称谓。1650 年，牛津大学教授苏支（Zouch）博士为其附加一词——“jus inter gentes”（国民间法），该法规始具特别称谓。1757 年，法国德·阿居瑟（D'Aguesseau）亦以“Droit entre les nations”或“Droit entre les gens”（国民间法）用于表述。1789 年，边沁为其创造新词“International law”，至此该词以及相应译语方被传用。德国偶尔用“Internationales Recht”一词，通常以“Voelkerrecht”表述。上述德语词汇为何人所造，如今已不可考。余猜度，1821 年克卢柏《欧洲国际法》（Klueber, Europaisches Voelkerrecht）或为最古之例。

本邦初始冠以“万国公法”之名。美国人丁韪良

（William Martin）将惠顿之作译为汉文之际，题之曰《万国公法》，于清同治三年（本邦元治元年）出版。庆应元年（1865），《万国公法》于东京大学前身开成所翻刻出版，闭关锁国政策下之国民始知各国往来亦有条规，有识之士遂争相阅读，故风靡一时，注释或翻译该书之作《和译万国公法》《万国公法译义》等亦被广为传阅。翌年，即庆应二年（1866），开成所教授西周助先生翻译西蒙讲义并出版，亦题之为《万国公法》。

如是，丁韪良于中国将惠顿之作“International law”译为《万国公法》，其后传至本邦并随之普及，然未几，中国反简称其为“公法”。丁韪良于光绪三年（明治十年）翻译伍尔西（Woolsey）著作“International law”，弃用此前“万国公法”一词，题为《公法便览》，书中亦未见“万国公法”，而统称其为“公法”。理由大抵与东京开成学校避讳“万国”一词相同，只因伍尔西在书中言及“International law”乃基督教国家间通法，非万国共通之法。译文中亦写道：“若谓之万国公法，尚未见万国允从”，“现有之公法，多出自泰西奉教之国，相待而互认之例”。中国并未实施“International law”，故不可用“万国”之语。随后光绪六年（明治十三年），丁韪良将伯伦知理（Bluntschli J. C.）之作“Das modern Voelkerrechtals Rechtsbuch”译为汉文，题之曰《公法会通》。

明治二年（1869），《外国交际公法》一书问世，此书为马顿斯《外交指南》（R. Martens，Diplomatic Guide）之日译本，译者为福地源一郎，日文书名无处窥见国际法之称谓。明治三年二月颁布之《大学规则》以及同年闰十月之《大学南校规则》中，均可见“万国公法”，而明治七年（1874），东京帝国大学前身——东京开成学校始创法学专业，规则中所用词汇为“列国交际法”。彼时本邦舶来之国际法书籍中，唯有惠顿与伍尔西两人之作，而伍尔西作品为简明教科书，相较之下受众更广，且全文开篇便阐明“International law”未在奉教国之外执行，故译文避开“万国”字眼，以“列国”取而代之。东京开成学校更名为东京大学后，仍沿用“列国交际法”，至明治十四年（1881）学科改革之际，方才使用“国际法”一词。

若问“国际法”一词首创者为何人，箕作麟祥博士是也。博士于明治六年（1873）翻译伍尔西之作“International law”，题之曰《国际法》。博士于例言中写道：

> “万国公法”之称谓，常见于丁氏、伍尔西诸书中，“其名广世传播，恰如此书普遍之称，然仔细考量原名，允当国际法之字，故今改之并题名为国际法”。然先辈之命题不可虚掷，故存“万国公法”之字，作该书别名。

此乃博士谦逊之态，“国际”一词实乃“International”最妥帖译语，故该词问世十年后，大学采纳其为学科名称，竟至广泛流传。由此可说，箕作博士乃本邦之边沁也。

《万国公法》中译者丁韪良（1827～1916年）

东京帝国大学校门

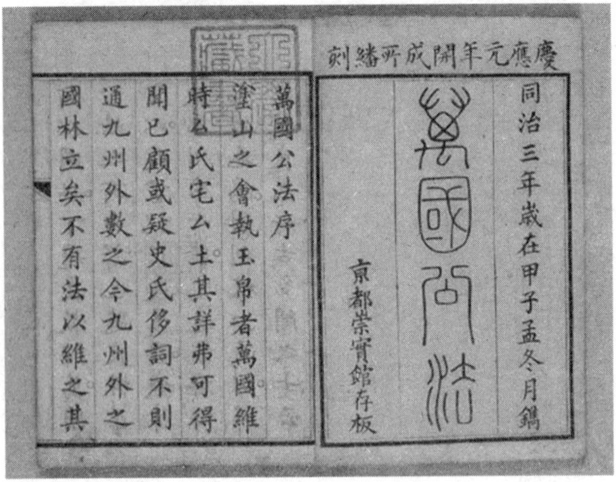

慶應元年開成所翻刻

同治三年歲在甲子孟冬月鐫

萬國公法

京都崇實館存板

萬國公法序

塗山之會執玉帛者萬國維
時ム氏宅ム土其詳弗可得
聞已顧或疑史氏侈詞不則
通九州外數之令九州外之
國林立矣不有法以維之其

庆应元年（1865 年）《万国公法》书影

日本翻刻出版的《万国公法》

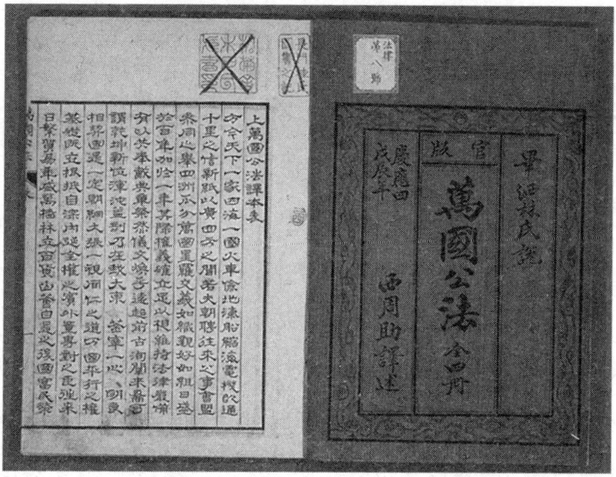

西周助译《万国公法》

五三、 国际私法

国际私法之名称，始于中国同治三年（1864），即本邦元治元年，丁韪良汉译之《万国公法》中使用“公法私条”一词。尔后，庆应二年（1866），西周助先生译述西蒙之讲义，题为《万国公法》出版，用“万国私权通法”一词。庆应四年（1868），开成学校出版津田真一郎先生译作《泰西国法论》，内有“列国庶民私法”。明治七年（1874），东京开成学校规则中见“列国交际私法”一词，然私以为津田先生之译词更为妥帖。此后，余隐约记得有一人名若山仪，出版一书题为《万国私法》。明治十四年（1881）之前，大学中皆言“列国交际私法”，然该词闻之仿若国与国交际时之私法规则，故同年改为“国际私法”。

五四、 法例由来

所谓法例，乃汇集法律适用通则之称呼。本邦自明治十三年（1880）始采用该词，明治三十年（1897），余于法典调查会中得法学博士山田三良君之协助，起草现行之法例之际，查得“法例”一词之由来，大体如下。

邻邦中国之刑法法典编纂之端绪，乃魏文侯命其臣李悝收集诸国刑典，制定法经六编也。

李悝总括法典全部例则，置于第六编即法典之末，称其为“具法”（史记）。秦国商鞅改“法”为“律”，之后全部法典通则均称为“具律”。至汉代，宰相萧何定《九章律》之时，从秦之名称而袭用“具律”一词（唐律疏议）。魏之刘劭制定魏律十八编之时，改汉之“具律”为“刑名律”，置于全法典之起首（魏志）。

晋之贾充等人增损汉、魏之律，作晋律二十编，将魏之刑名律分为刑名律、法例律二编，“法例”一词大抵滥觞于此。

法例之字义，有“例者五刑之体例”，有“例训为比”，亦有“比诸篇之法例”。此外，“律音义”中记曰：“统凡之为例，法例之名既多，要须例以表之。”上述解释皆说明，“法例”一词，用于法律适用之例则。

尔后宋、齐、梁及后魏之诸律，俱因袭刑名律·法例律之称号，至北齐，刑名、法例之二律并为一编，称为“名例律”。后周一度恢复“刑名律”之名，然隋唐以来至清朝，皆仿北齐之例，将刑法通则置于名例律中，故“法例”一词绝迹已久。

物徂徕①所著之《明律国字解》中云，将刑名律分为刑名·法例之二编者乃梁律，然无示其出所，故不能断言，恐为误谬。徂徕亦云，将刑名·法例之二编并为一编者乃隋律，然隋不过恢复北齐之用例而已，并非初次称通则之全部为名例律者。

本邦之古律亦以隋唐之律为模范，用名例律之称，且维新之际编成之《新律纲领》亦将名例律置于编首。

明治十三年（1880）修改刑法之际，于第一编第一章载刑法适用通则，题为“法例”。盖其乃仿晋律之用例，

---

① 物徂徕：即荻生徂徕（1666～1728年）——译注

北齐以来法典上绝迹已久之用例，于本邦复活也。

明治二十三年（1890）颁布民法等诸法典之际，以法律第九十七号发布一般法令通用之例则，称为“法例”。此处“法例”之用例为之一变，过往仅限于刑法通则之词，于法律通用之总则中广为用之。

如是，初始用于刑法之词，后通用于一般法律，乃法律沿革史上多见之例，诸国之法律，最初体裁具备者皆为刑法、诉讼法等，故此类法律用语转用于他法之事决非罕见。

中国古代称“法”“律”者殆为刑法，成典而存者，亦于刑法范围内最为发达。故中华法系中，刑法术语其后转用于他类法令之例甚多，“法例”一词便是其一。且考虑“法例”之字义语意，窃以为本邦将“法例”一词广而用之，并无不妥。

因此，“法例”一词作为法律适用通则之题号颇为妥当，余蒙命起草法例修改案之时，亦袭用之。

尔后之商法修改案中，改“总则”一词，以“法例”为题号。至此，本邦法典中，法例一词有两类用例。其一，一般各类法律通用之法则，其二，如刑法及商法首章所载之法例，以其称法典中条规适用之例则。此两类法例具有普通法与特别法之关系，故前者可称为一般法例，而后者称为特别法例。

五五、 准据法

“准据法”一词，乃明治二十九年（1896），余于法典调查会起草法例之际，为梅利（Meili）等德国国际私法论者所用之Massgebendes Recht一词所作之译语，初于法例理由书中用之，后广为推行。

“准据”一词可见于《延喜式》[①]序之“准据开元永徽式例”，且亦用于明应四年（1495）八月之《大内家壁书》[②]中。此前，余起草民法之收养内容之际，于《大内家壁书》中见《养子被改御法之事》中用此一词，思其有趣，遂于法典调查会作法例各条之说明时用之。《大内家

① 《延喜式》是平安时代中期（905年；延喜五年）由醍醐天皇命令藤原时平等人编纂的一套律例条文，其中对于官制和仪礼有详尽规定。——译注

② 《大内家壁书》：为周防守护大名大内氏的家法，亦称《大内家法》或《大内家定书》。——译注

壁书》所用“准据”一词，原意为以先例为准则、以此为根据，而国际私法中之准据法之意义，则为依此标准审判涉外事件之意义，用例稍有变。《大内家壁书》之文如下：

养子被改御法之事、诸人养子事，养父存生之时，不达上闻仁者，于御当家，为先例之御定法；至养父殁后者，纵兼约之次第自然虽令披露，不被立其养子也，病死迹同前也，然间虽为讨死勋功之迹，以此准据令断绝毕，（中略）

明应四年乙卯　八月　日

沙　弥　奉正　任

左卫门尉[1]　同武　明

① 左卫门尉：日本律令制下的官职之一，是掌管皇宫诸门的警卫。——译注

五六、 经济学

“经济学”一词，乃出自庆应三年（1867）四月、神田孝平[①]之译著《经济小学》，此书乃转译自英国人埃利斯（W. Ellis）之《社会经济概括》（Outline of Social Economy）之兰译本。明治三年（1870）二月制定之大学规则、及同年闰十月之大学南校规则中称之为“利用厚生学”。

明治初期，威兰德之《政治经济学》（Wayland's Political Economy）广为盛行，卷首有定义云：“Political Economy is the Science of Wealth”，一时有人称之为“富学”。然如此一来有聚财学问之嫌，故未推广，而“经济学”一词虽有异议，仍沿用之。

此后该词虽被长久使用，然“经济”一词出自“经国

---

① 神田孝平（1830～1898 年）：日本近代早期的经济学家、政治家、洋学家，担任过兵库县令、元老院议官、贵族院议员。——译注

济民”，太宰春台之《经济录》方为妥帖之用法，故明治十四年（1881），东京大学规则中改称为“理财学”。该词出自《周易》之“何以聚人曰财，理财正辞，禁民为非曰义”。

然而，且不论字义之穿凿，世间自神田氏以来久用“经济学”一词，已成惯用语，且原语之外来语“ポリチカル・エコノミー”并非充分表达其意义之译语，故金井、和田垣两教授提议，宜恢复“经济学”之称，遂于明治二十六年（1893）九月，帝国大学法科大学①之学科更改之时，复称“经济学”。

① 帝国大学法科大学：1873 年开成学校开设法学科，翌年开成学校更名为东京开成学校。1877 年，东京开成学校改组为东京大学法学部。1885 年，政治学科与理财学科从文学部移至法学部，法学部更名为法政学部。1886 年，东京大学法政学部改组为帝国大学法科大学。1897 年，帝国大学更名为东京帝国大学。1919 年，法科大学改组为法学部，同时经济学科与商业学科独立成为经济学部。——译注

五七、 统计学

“Statistik”（スタチスチックス）之译名定为“统计学”一事多有沿革。庆应三年（1867）四月，神田孝平之译著《经济小学》出版，序言中，“Statistik”初译为“会计学”，而明治三年（1870）二月颁布之大学规则中称之为“国势学”。因欧洲从中世纪至十八世纪初，如“国势”字面所示，以其为研究国家状态之学问，故本邦亦不问其后之沿革，依二百年前之用例，译为“国势学”。同年十月，大学南校规则中亦称其为“国务学”。援用世良太一君之话，“国势学”曾一度被称为“知国学”，余以为此乃杉亨二①先生之想法。

---

① 杉亨二（1828～1917 年）：日本近代统计学家、启蒙思想家、法学博士。——译注

津田真道先生翻译荷兰西蒙·卫斯林（Simon Vissering）之著作，于明治七年（1874）十月由太政官之政表课①出版，题为《表纪提纲、别名政表学论》。据《西周传》所记，津田先生曾以“综纪学”名之。据世良太一君所言，“政表”一词至此沿用至明治十年（1877）左右。

如是，“Statistik”对应之译语纷乱繁杂，反不如原语朗朗上口，因而杉亨二博士、世良太一氏等人于明治九年（1876）创立一学会，命名为“スタチスチックス”社，刊发《スタチスチックス》杂志，且为外来语“スタチスチックス”新作汉字：“䢢𢵃𢽫”。神田氏所用“会计学”一词，从字义观之，已极其稳当，然“会计”已被用于他义，故“统计学”更为恰当。然而，“统计学”一词之创始者为何人也？

明治四年（1871）七月二十七日，大藏省始设一官署名“统计司”，八月十日被改为“统计寮”，官署名中首次采用“统计”一词。“统计”二字，盖依《英华字典》中“スタチスチック”之译语“统纪”而作。明治七年（1874）六月，箕作麟祥博士翻译法国人莫罗（Moreau de Jonnés）之著作，由文部省出版，题为《统计学、别名国势略论》。以“统计学”作学名用，此书乃首例。上文中

① 政表课：日本总务省统计局·统计中心的前身。——译注

所提之“国势学”“知国学”“政表学”“表纪”“拸智契”等名称虽亦共存，然之后“统计学”一词逐渐脱颖而出、广为人用，终定为学名。

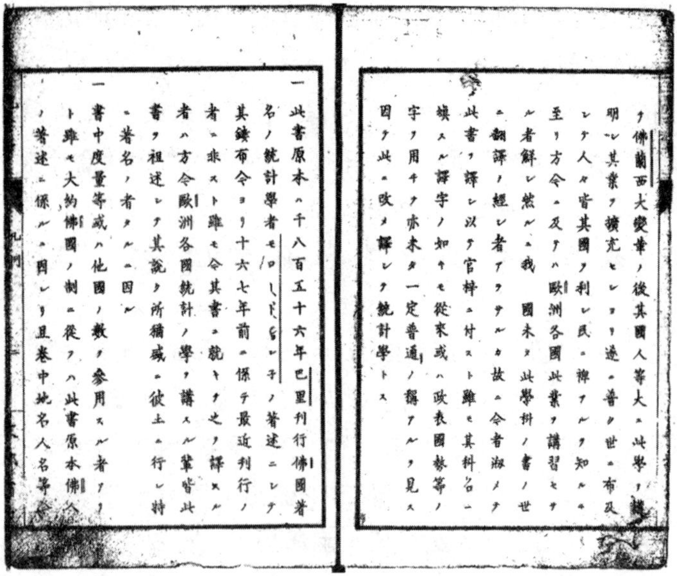
ナ佛蘭西大變革ノ後其國人等大ニ此學ヲ講
明シ其業ヲ擴充セシヨリ遂ニ普ク世ニ布及
シテ人々皆其國ヲ利シ民ニ裨アルヲ知ルニ
至リ方今ニ及テハ歐洲各國此業ヲ講習セザ
ル者鮮シ然ルニ我　國未タ此學科ノ書ノ世
ニ翻譯ヲ經シ者アラザルカ故ニ今者淑メテ
此書ヲ譯シ以テ官梓ニ付スト雖モ其科名ニ
換スル譯字ノ如キモ從來或ハ政表國勢等ノ
字ヲ用キナ亦未タ一定普通ノ稱アルヲ見ス
因テ此ニ改メ譯シテ統計學トス

一此書原本ハ千八百五十六年巴里刊行佛國著
名ノ統計學者モロードジヨン子ノ著述ニシテ
其鏤布令ヨリ十六七年前ニ係テ最近刊行ノ
者ニ非スト雖モ今其書ニ就キテ之ヲ譯スル
者ハ方今歐洲各國統計ノ學ヲ講スル輩皆此
書ヲ祖述シテ其說ク所稍或ニ彼土ニ行レ特
ニ著名ノ者タルニ因ル
一書中度量等或ハ他國ノ數ヲ參用スル者アリ
ト雖モ大約佛國ノ制ニ從フハ此書原本佛人
ノ著述ニ係ルニ因レリ且卷中姓名人名等ハ

明治时代《统计学》教科书（1874年）

五八、 自由

安政四年（1857），美国人裨治文于上海著书，名《联邦志略》，始译“freedom”与“liberty”为“自主”“自立”。该书之《独立宣言》译文如下：

> 盖以人生受造，同得一定之理。己不得弃，人不得夺，乃自然而然。以保生命及自主自立者也。

本邦文久年间该书续刻，传入长崎，然阅者仅寥寥数人。据加藤弘之先生所言，“自由”之译语，最初乃幕府首席英语译员森山多吉郎①所创。文久二年（1862）初版、

---

① 森山多吉郎（1820～1871 年）：又名森山荣之助，是幕府末期著名的荷兰语、英语翻译，英学家。——译注

庆应三年（1867）正月再版之《英和对译辞书》译本（堀达三郎著）中，既已收录“自由”一词。且福泽谕吉先生于庆应二年（1866）初版之著述《西洋事情》中，亦有“自由”一词，自此广为传用。以既有定义之通用语表日本尚无之思想，福泽先生未尝不曾为其说明煞费苦心，见以下所引之文字足可明了：

> 《西洋事情》第一卷“政治”部分之注：
>
> 本文“自主”“任意”“自由”之字，非任性放荡、无惧国法之义，均为在本国与人交往无所顾忌、畅所欲行之趣旨，英语云之曰“freedom”，又“liberty”，尚未有恰当之译字。

其后，明治三年（1870）出版之《西洋事情》第二编之例言中有如下文字：

> 彼之常言亦新我耳，临译洋书之际，或无妥当之译字，译者之困惑不常少也。

尤其“liberty”之译语“自由”，先生认为“不足尽原意”，便向邦人详解其意义：

第一，所谓“liberty”，自由之义，汉人以自主、自尊、自得、自若、自主宰、任意、宽容、纵容等字译之，然未足尽原语之意义。

所谓自由，乃以一身之喜好行事，而无穷屈之思。古人语之曰，一身自由且自守之，乃万人所具之天性，近人情，重于家财富贵之保全。

又，上者许下者可行此事。譬如，习字毕，亲许子以游，公事毕，上司许下属以退，皆如是。

又，相当于允许之场所、允许之劝化、允许杀伤之允许二字。

又，可有好恶之情，可不做犯险行事、勉为其难等痛苦之事。

故政事之自由，乃令其国民行天道自然之通义，不妨碍之。出版之自由，乃无论何书，皆随意刊行之，不咎书中之事。宗教之自由，乃无论何宗，皆使人人皈依所信仰之宗旨。18 世纪 70 年代，亚米利加①骚乱之时，亚人扬言要为自由而战，高呼“不自由，毋宁死”，众人甚苦于英国之暴政，誓死救民于涂炭、保一国不羁独立之自由。当时著名之富兰克林有一名言：我身之居

① 亚米利加：日本对美国的旧称。——译注

> 无定所，自由之处即祖国。故此自由之字义，如初编卷之一第七页之夹注所云，决非任性放荡之趣旨。亦非害人利己之义，唯逞身心之动，人人互不相妨，以致一身之幸福。自由与任性，动辄易误其义。学者宜审之。

依此观之，中国此前既有“自主”“自专”“自立”等译语，而吾国加藤先生于庆应四年（1868）出版之《立宪政体略》中以“自在”译之，有“行事自在之权利”“思、言、书自在之权利”“信法自在之权利”等语。同年出版之津田真道先生《泰西国法论》中亦译为“自在”，有“行事自在之权”“思、言、书自在之权”等语。然福泽先生并不满意，而将先前已有之译语“自由”用于《西洋事情》中，因该书风靡，“自由”一词竟因此普及，随之成为该新思想传至吾国之媒介。故可言之，本邦自由之词、自由思想之开山鼻祖，实为福泽先生也。

此后，明治五年（1872），中村敬宇先生翻译穆勒（John Stuart Mill）之“On Liberty”，题为《自由之理》，该书亦举国传阅。

上述书籍之流行，使欧美上世纪后叶盛行之自由主义、即自由之实现乃人生尤其政治之巅峰之思想传入吾国，自由党随之兴起，其首领板垣于岐阜被刺客之刃所伤时，亦高呼“板垣可死，自由不死”，宛如帕特里克·亨利（Patrick Henry）疾呼“不自由，毋宁死”之回声。

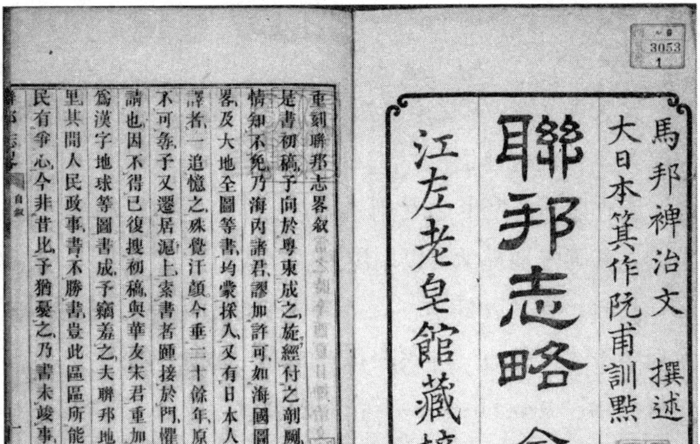
馬邦裨治文 撰述
大日本箕作阮甫訓點
聯邦志略 全部
江左老皂館藏梓

重刻聯邦志畧叙
是書初稿予向於粵東成之旋經付之剞劂禍棗災梨
情知不免乃海內諸君謬加許可如海國圖志瀛寰志
畧及大地全圖等書均蒙採入又有日本人以其國語
譯者一追憶之殊覺汗顔今垂二十餘年原板散失杳
不可[illegible]予又還居滬上索書者踵接於門懼無以應其
請也因不得已復搜初稿與華友宋君重加刪改並刱
爲漢字地球等圖書成予竊羞之夫聯邦地闊千萬餘
里其間人民政事書不勝書豈此區區所能詳盡而況
民有爭心今非昔比予猶憂之乃書未竣事而爭端已

日版裨志文著《联邦志略》书影

五九、 共和政治

与大槻文彦[①]君交谈得知，“共和政治”一词，乃大槻磐溪先生首创之译语。

箕作阮甫[②]先生之女婿省吾[③]，弱冠之年已精通兰语学，尤甚喜好地理学，以周游列国、跋山涉水为乐。

其后，省吾以日本、荷兰两国地理书为据，完成一部地理学著述，题为《坤舆图识》出版。省吾著书之际，遇一荷兰语“Republiek”，于辞书中寻其字义，乃“无君主之政体”之意。然而，国无君主之政治，彼时之邦人殆不

---

① 大槻文彦（1847～1928年）：明治时期史地学家、国语学者，其父大槻磐溪（1801～1878年），日本著名儒学家。——译注

② 箕作阮甫（1799～1863年）：江户时代的武士、津山藩士、兰学者。——译注

③ 箕作省吾（1821～1847年）：江户时代后期的地理学者，最早向日本介绍世界地图。曾拜阮甫为师，后入赘。——译注

了解，故省吾踌躇再三，不知如何作译，遂拜访当时之老孺大槻磐溪先生，求其赐教。

磐溪先生对之曰：国无君，乃变体也，然而，邻国中国亦非无此先例。周厉王行无道之政，国民怨声载道，王遂出逃。国虽无王，而周召二相共同执政十四年。此事于《十八史略》中亦有载："于是国人相与畔。王出奔彘，二相周召共理国事。曰共和者十四年（而王崩于彘）。"可见，国无君主之政体，宜称为"共和政治"。

省吾从其教，将"Republiek"译为共和政治，至今袭用。

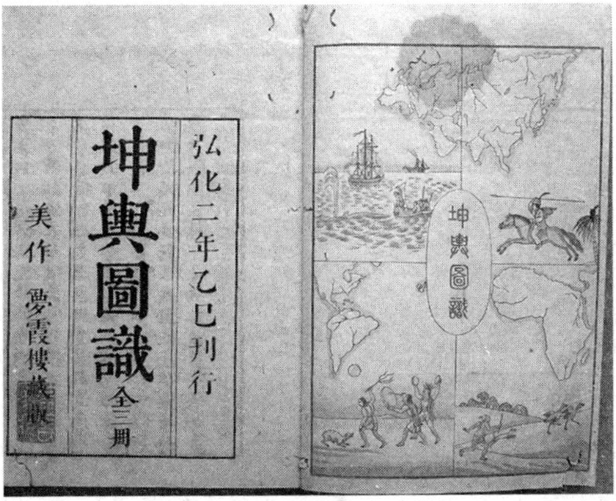

弘化二年（1845 年）《坤舆图识》书影

六〇、“人不可求牛马赔偿”

明治五年（1872）发生玛利亚路斯号（Maria Luz）事件，其事实大致如下。同年七月，秘鲁人裴罗烈于大清国澳门买入二百三十名中国人充当奴隶，以自有之船玛利亚路斯号载之返国，途经本邦，停靠于横滨港，而一中国人跳海脱逃，得英国军舰搭救，英国公使遂要求吾国政府处理此事。吾国政府扣留玛利亚路斯号，调查后将中国人悉数解放，送返归国。船主裴罗烈见形势不妙，遂逃回本国，将此事禀告政府，秘鲁政府遂对吾国政府提出抗议，且要求赔偿损失。然而双方辩论旷日持久，终请俄国皇帝以仲裁，结果为吾国政府胜，事件方尘埃落定。

然而，秘鲁政府于仲裁审判中抗议：“人身买卖乃日本政府公认之事，日本政府公许国民买卖艺娼妓，却对他国公民禁止之，岂非无理。”当时司法卿江藤新平氏之传记《江藤南白》之著者有如下记录：

> 我国由此事件得以矫正“裴罗烈”之非行，亦同时令一事实天下皆知，即日本乃未开化之国，政府今尚公行斯非行也。我帝国现今进行修改条约之大事，只为将来位列文明国家之列，而此事确乃至大之打击，无怪乎我当局者为之痛心。

当是时，我当局者之苦虑痛心确实绝非寻常。根据该书记载，司法卿江藤新平氏为秘鲁政府之抗议所刺激，痛感欲责人者必先自正，遂强烈主张禁止人身买卖。当时大江卓氏作为神奈川县令亦参与该事件，其建白与江藤氏同。政府遂于明治五年十月二日，以太政官布告第二百九十五号颁布如下禁止令。

> 一、人身买卖，终身或年限内，使其任受主人虐使，乃有悖人伦，自古禁之。以往以年限佣工等种种名目容留佣工之事，实质与买卖同，今后此无理之事严禁之。
>
> 但双方于和谈基础上可自行延期。
>
> 二、平常之佣工以一年为期，雇佣者应以契约定之。
>
> 三、娼妓、艺妓等年限佣工应全员解放，人

身买卖契约相关诉讼一概驳回。

上例各条，当严守之。

该法令之颁布仅为玛利亚路斯号事件发生后三个月。且上述法令第一条之“自古禁之”，是否为针对玛利亚路斯号事件之抗议而特言，如今虽不得知，然闻之大有深意。

关于上述法令之施行，江藤司法卿于十月九日以司法省第二十二号发布如下告示。

本月二日太政官第二百九十五号公布，当严守下列各条。

一、人身买卖，自古禁之，年限佣工等种种名目，实质与买卖同，雇娼妓、艺妓之金等同赃款，若有相关诉讼，调查取证后，全额没收。

二、上述之娼妓、艺妓乃丧失人身权利者，无异于牛马，人不可求牛马赔偿，故出借上述娼妓、艺妓之钱财，以及赊销金，一概不得索回。

但本月二日以后之钱财借贷不受此限。

三、以养女之名，买他人之女作娼妓、艺妓者，实为人身买卖，今后将严加处罚。

果敢改革家江藤新平氏之面貌于上述法令中跃然纸上。

江藤新平传记《江藤南白》书影

六一、 依法国民法订立日本民法

维新后之民法编纂，始于明治三年（1870）太政官中设置制度局一事。当时江藤新平氏乃制度局民法编纂会会长，其意见为："日本与欧洲诸国虽风俗习惯各异，然亦有相同之处，即民法不可或缺矣。宜依法国民法订立日本民法。"上述之事载于江藤氏传记之《江藤南白》一书中，所谓"依法国民法"，究竟依至何种程度，可有多种解读，然从江藤氏之勇断急进主义推之，并参照传记之事，应为发挥临摹主义，将其完全复制至日本民法。制度局民法编纂会初开之时，江藤氏命箕作麟祥博士翻译法国民法，每译成二三页，便迫不及待将此数页文字用于会上。江藤氏任司法卿后，设法典编纂局，命箕作博士翻译法国商法、诉讼法、治罪法等，且频频催稿，"误译亦无妨，唯速译之"。箕作博士乃一学者，想必此事定为一苦差。且江藤氏意欲以此译稿为五法制定之基础，先将“身份证书”部分付诸印刷，以制定日本民法。据磯部四郎博士所言，当时江藤司法卿认为，日本与西洋虽风俗有异，然日本亦需民法，“可将法国民法四字易为日本民法，而后颁布之”。

此事《江藤南白》中亦有载，且余亦时常自磯部博士处听闻之。

如今观之，江藤氏之计划乃反常至极。津田真道先生曾评价曰：“欲使日本五法如秀吉筑城①般一夕具也，实乃无理之事，终不可行。”津田先生亦曾受邀于江藤氏，然其直言力所不及，终未受命。先生之卓见令人敬服。洲股②之筑城乃土木工事，或许可一夕建成，然发现国民性之法律绝非一夕可变。

然而，起初正因有江藤氏如此锐意进取之政治家开辟新路、积极调查外国法，后期之法制改善方能一帆风顺。孤立数千年之吾国国民，骤然接触异国文化，唯有多方试验，前车之覆轨，后车之明鉴，方能有所进步。如今看民法编纂之沿革，初有江藤氏复制民法，后有大木公等人效仿民法，终成现行之参酌民法。

---

① 秀吉筑城：亦称“墨俣一夜城”，传说是织田信长在攻打美浓国时，需要在战略重地墨俣町内筑城，丰臣秀吉率众人于一夜之内筑成。——译注

② 洲股：墨俣的古称。——译注

六二、 不解民权意义

明治三年（1870），太政官中设制度局，制度局中又设民法编纂会，江藤新平氏为会长。当是时，江藤氏欲依法国民法订立日本民法，命箕作麟祥博士译之，将其携至会上。彼时，博士将“Droit civil”译为“民权”，然而所谓民有权，本邦自古未曾有之，亦未敢想之，故会员一见此新语，委实难以理解其中之新意，议论四起，何为民有权？箕作博士竭力辩明，然众议沸腾，一时难平。江藤会长遂仲裁之，曰：“不杀不生，姑且置之，他日必有活用之时。”一言平息众议，使该词于会上得以通过（《江藤南白》）。“他日必有活用之时”一语，含蓄深远，令人不禁遥想当年之江藤氏，既已预想将来之民权论勃兴，大有一番作为。然而，南白却未能等来所救之“民权”二字他日活用之时，亦未能为宪政发达挥洒锐才，便已不幸蹉跌于征韩论中，沦为明治之商鞅，可惜可叹也。①

江藤新平之墓（佐贺市）

① 明治六年（1873 年），提出“征韩论”的江藤新平与西乡隆盛等人与反对派发生激烈争斗，后集体辞职。翌年，江藤新平先于西乡隆盛在佐贺起兵叛乱，失败后被枭首示众。——译注

六三、 舶来学说

《法学协会杂志》于明治十七年（1884）三月初刊，自第一号起，余之论文以《法律五大族之说》为题，连载其上。余之文字，乃自主研究之结果，然未及，便有多人相问："此乃何位西洋学者之说？"答曰："全为一己之说也。"竟无人信。亦有人云，曾于何处见此原著。将其视为泰西学者之说而引用者亦大有人在，甚至引之并添缀"西哲曰"，故余尝书之曰："今后固辞西哲之光荣。"

今日观之，实乃可笑之事，若虑及当时本邦之学界情况，则不足为怪。吾国人自维新后始知西洋法律，而法学教育则始于明治五年（1872）之司法省明法寮，明治七年（1874）东京开成学校始设法律科。上述论文之事，乃其后不过十年时间，当时余于东京大学亦以英文教授法律，可谓正当泰西法学输入之初期，如此想来，余所言所书，人皆以为西洋学者学说之介绍，倒也不足为奇，且实为当时寻常且必经之事。

此后，余为比较法学研究法之便宜，意欲完成法族说，便作“法系”一词，同时又作“母法”“子法”等语，以示法律继承之系统，用于法学通论及法理学讲义中。然而，至今仍有不少人，将其视为西洋法律术语之译语。

余之学说发表二十年后，明治三十七年（1904），余以比较法学演讲者之身份，受邀参加美国圣路易斯世界博览会之万国学术大会之时，于比较法学会上，余提议应采用法系别比较法，作为比较法学之新研究法。以往泰西比较法学者运用两类研究方法，其一为以国为比较单位，即国别比较法；其二为以人种为比较单位，即人种别比较法。然而伴随人类交通发达，一国之法继受于他国，甲国之法与乙国之法犹如亲属关系，故余提议，用“母法”（“Parental law” or “Mother law”）、“子法”（Filial law）新语以示此类关系，另用“法系”（Legal genealogy）以示其系统，依法系可将诸国之法分为“法族”（Families of law），并将该研究方法称为“法系别研究法”（Genealogical method）。此事载于罗杰斯博士之《万国学术会议报告》第二卷（Howard J. Rogers，Congress of Arts and Science. Vol. II，pp. 376－378，1906，Boston and New York，Houghton，Mifflin & Co. The University Press，Cambridge）及拙著英文版

《日本新民法论》（The New Japanese Civil Code，pp. 29 - 35. 2nd ed）。此后余听闻，德国有学者先于吾用类似“母法”“子法”之语，然则未曾通用。

余于拙著《隐居论》之首，论隐居之起源，认为“隐居俗与食老俗、杀老俗、弃老俗同为社会系统，此类蛮俗进化变迁，竟生老人隐退之习俗”，然有人认为此学说之根本思想乃出自德国雅各布·格林（Jacob Grimm）之说。雅各布之《德国法律故事集》中记有一事，德国弃老之习俗于后世引发退隐俗，余引为佐证，然余之论点亦被视为舶来之说。

本邦之学问，自古多来自外国，汉学时期，国人格外崇拜中国学者，知中国故事、通中国学说即为学问。西洋学问舶来时日尚浅，西洋人为新学问之先进者，故万事皆依据、效仿之，上述之诸事，不过此状之结果耳。故新学问之初期，即明治二十年代，凡西洋人之说，众人皆盲目追捧。譬如，伊藤公为调查宪法而西行，咨询于斯坦因博士（Stein），此后数年，斯坦因风靡一时，凡其学说皆受当时资深官员所敬佩，且有川柳为证：“冥顽不化者，应以斯（石）击之。”

余一友人，持一钟表工厂，所制之物颇为精巧，丝毫不劣于舶来品，然其制品之上却无社名。余问其因，工厂主叹之曰：“甚想以社名附之，然世人仍持和制即劣品之成见，若刻以铭牌，反因劣品之嫌而价廉，即便得良品之认可，又恐受伪造铭牌之疑，故其真价未获认同之前，只得姑且无铭。”

今年四月，余故乡伊予之宇和岛纪念旧藩主伊达家就封三百年，祀藩主，行鹤岛神社之大祭，且于旧城之天主阁办伊达家宝物展。展厅内，旧幕时期自佐竹家嫁入伊达家之夫人所携嫁妆亦悉数陈列其间，大小数百件器物，皆绘有金莳模样，巧夺天工，色彩斑斓，令人叹为观止。观赏之人众多，中有田舍青年数人，其间一人颇有主见，谓同伴曰：“此物精妙，日本断断造不出此等物件，定是舶来之物。”

六四、 格劳秀斯夫人玛利亚

众所周知，胡果·格劳秀斯（Hugo Grotius）乃国际法之鼻祖，其著作《战争与和平法》（De jure belli ac pacis）乃国际法之源泉。

《战争与和平法》堪称国际法经典中之经典，然而，近代文明世界能受此巨著之恩惠、永浴其惠泽，皆拜格劳秀斯夫人玛利亚（Maria）所赐。

胡果·格劳秀斯1583年生于荷兰，幼时颖悟绝伦，人称神童，九岁即能以拉丁文作诗，人人惊叹，十一岁入莱顿大学，十五岁既已著述。同年随荷兰公使访法，国王亨利四世激赏少年之非凡天才，授以黄金颈饰，赞其为“荷兰之奇迹”（Voila le Miracle de la Holland!）。格劳秀斯十六岁获法学博士学位，十七岁成为律师，其慷慨雄辩响彻法庭，名声大噪。二十岁任荷兰政府之国史编纂官，二十四岁任检察长之高职，其扬名立万之迅猛，乃荷兰前所未闻。

1608年，格劳秀斯与玛利亚·范·瑞丝伯格小姐（Maria van Reigesberg）缔结良缘，格劳秀斯得此贤妻，日后竟关乎国际法之起源史。

1613年，格劳秀斯奉荷兰政府之命出使英国，尔后归国，正当荷兰阿明尼乌教徒与高马勒斯教徒争斗白热化之时，国内甚为混乱。

格劳秀斯本属阿明尼乌派，而当时荷兰总督毛里茨乃高马勒斯党，以武力毁宪法（Coup d' état），逮捕格劳秀斯等反对派人士入狱，并悉数没收其财产，处以终身监禁，禁闭于离霍林赫姆（Gorkum）不远之罗维斯退因城堡内。禁闭中，政府每日仅发24 stuiver①（相当于日元45钱6厘）。格劳秀斯因与政府为敌而受迫害，不屑嗟来之食，玛利亚夫人见之，遂自行打点，送入狱中。

格劳秀斯之监禁，初始甚严，其父亦求而不得见。尔后玛利亚夫人恳请会面之时，典狱官问之曰："汝若入内，则再不能出。若出之，则再无入之可能。汝不厌与夫于狱中耗尽一生乎？"玛利亚夫人闻此条件，未有丝毫踌躇，即刻应之，甘愿自入囹圄，与夫一生共苦于铁窗之下。

① Stuiver：荷兰在拿破仑战争前使用的银币，20 stuiver相当于一枚银质荷兰盾。——译注

当时格劳秀斯年仅三十六，虽为终身监禁，然未有丝毫绝望，虽身在狱中，却受夫人之慰藉与鼓励，从此潜心著书。后得典狱官之许可，托霍林赫姆之友人以匣装书送入，每周一次，周而复始，且衣物亦可送出浆洗。

玛利亚夫人与夫婿共度狱中生活已一年有半，其间，两人不断伺机以逃。夫妇两人每周送出之匣，所装之物皆为古书、污衣，狱吏观之索然无味，经年累月，检查亦渐宽，终至未开盖而通行之。

玛利亚夫人终盼来望眼欲穿之机会。夫人见时机成熟，遂劝夫冒险脱狱，计划乘守兵懒怠之时，令夫匿身匣中，使其得救。然知易行难，实施之种种困难与危险自不待言，故两人再三筹谋，未敢轻易下手。即便平素监守之将卒放松警惕，然倘有一兵怪之，或偶揭其盖，则连日之苦劳便一朝付之东水，万事皆休。况且匣长仅三尺五寸，只可勉强容身。故出城后至霍林赫姆，格劳秀斯须得忍受曲身之态，若运送之人夫将其倒置，或投掷之，则恐危及生命。且匣盖密封，易招窒息之祸。

万般情形令玛利亚夫人不得不处心积虑，先将密计告知过去知心之忠仆忠婢，嘱其于城外接收之，直送至霍林赫姆之友人宅中。此外，夫人于匣上凿一孔，可通气，并时令夫婿入内试验，至此，万事俱备，只欠东风。

一日两人偶尔获知，典狱司令官因公务外出。此乃天赐良机，玛利亚夫人乘机宣称夫婿罹患传染病，令监守兵避免出入两人之监房，并拜访司令官之妻，告知因夫近日染病，无法读写，望能先将书籍送返至霍林赫姆。获许可后，夫人即刻归狱，依计藏夫于匣中，令士兵二人将其搬出。一兵诧异其重于往常，问曰："莫非内藏阿明尼乌教徒?"暴露之势，间不容发矣。当是时，若玛利亚夫人无才智胆略，文明世界或要待数十年后方能等来国际法之发达。夫人声色自若，含笑答曰："没错，内藏阿明尼乌教徒之书。"士兵闻之，终未开盖，便将其运至城外。

一忠仆依夫人之命，于城外接收此匣，即刻装船，借运河之便，将其送至霍林赫姆。因夫人千叮万嘱，忠仆密切留意船夫一举一动，令其小心处置，禁止倒置或投掷。船抵岸，船夫意欲以一橇载之以便发送，所幸一忠婢已早早在此等候，托言内有易损之物，故自行送之，遂以担架抬之，依夫人之命，直送至格劳秀斯之友人阿德里安·戴茨勒（Adriaen Daetselaer）宅中。

重获自由的格劳秀斯易装为瓦工，持一镘刀连夜出逃，奔赴安特卫普，随后跨越国境，并修书一封至荷兰议会，诉冤兼辩明其脱狱之理由，表白其虽为祖国所迫害，然爱国之情丝毫未受影响。

格劳秀斯远走法国，翌月到达首府巴黎。此时已为1621年4月。

夫婿脱狱后，聪慧的玛利亚夫人依然留守狱中，继续夫染重病之伪装，避免士兵入室，竭力拖延东窗之事发。待夫婿脱狱之时日已久，料想已越国境，方向典狱官自首，求问助夫越狱之罪。典狱官将其作为人质禁锢之，料定倘若妇代夫入狱，格劳秀斯必牵肠挂肚，他日必会归狱。然数月之后，荷兰议会因感夫人之贞操，赞其有义，遂下令放之。夫人出狱后便追随夫君，奔赴巴黎之谪居，再次于穷乏艰苦中慰藉夫君，鼓励其完成著作。

当时法国国王路易十三世怜其不遇，本欲授予年金三千法郎，然国库不允。故格劳秀斯夫妇仅靠故乡亲属所赠之金钱、衣物、食品勉强度日，困苦欠乏自不言说，然夫妇俩并未因此屈志，彼此相互勉励，继续著书。

尔后，格劳秀斯之大才渐获认可，因首相黎塞留奏请，得部分年金。且雅克·德·梅恩将其部分城堡租赁之，雅克·奥古斯特·德·图（Jacques Auguste de Thou）许其使用书库，故格劳秀斯著书渐入佳境，至1625年，二十年前企划之巨著《战争与和平法》终问世。

呜呼，格劳秀斯若无玛利亚夫人以忠贞义烈相助，可叹非凡之天才亦只能空作狱中之白骨，无法垂明教而益万世矣。

“国际法”之父胡果·格劳秀斯（1583～1645年）

《战争与和平法》，上为 1701 年版，下为 1773 年版

格劳秀斯出逃油画（阿姆斯特丹荷兰国立博物馆）

六五、 约翰·奥斯丁夫人莎拉

约翰·奥斯丁（John Austin）乃分析法理学之始祖，至今仍支配英国派法律学者之思想。

其名著《法理学讲义》（Lectures on Jurisprudence）乃其殁世后，由未亡人莎拉（Sarah）含辛茹苦出版之书，此巨著至今能俨存于法学界、裨益吾人，皆拜莎拉夫人所赐。

奥斯丁夫人莎拉 1793 年生于英国诺里奇（Norwich）名门泰勒家族（Taylor）。其资性温顺，丽质天成，幼承庭教，擅长古文学与多国外语。1820 年，嫁于律师约翰·奥斯丁后，尽心料理家事，闲暇之余则翻译喜好之古典或德、法著名历史诗文。故夫人亦有多部知名译著问世。

然莎拉夫人最裨益人类之功绩，首推其整理编辑其夫遗稿并出版一事。

1867 年 8 月 12 日，《泰晤士报》刊登莎拉夫人之讣告，于文末记之曰："夫人年事已高，仍力疾从事，公开此法理学之大成果，吾人对夫人不胜感激之情。此举可谓莎拉夫人为夫立一无上高贵之丰碑矣。"

贤妻莎拉夫人之一生，实乃一部励志传也。其为夫之遗著所题之序，堪称绝代名文，余每读此序，皆感而落泪。余每年于大学之法理学讲堂上，言及奥斯丁之学说以及莎拉夫人之功绩时，必以此序比诸葛孔明之《出师表》。古人云，读《出师表》不泣者不为忠臣，而余以为，读夫人此序不涕泣哽咽者，不为真正之学者。故以下略谈贤惠之妇莎拉夫人之品行。

莎拉夫人嫁于奥斯丁后，与夫移居首府伦敦，安家于皇后广场（Queen's Square）。无独有偶，恰与边沁（Bentham）、詹姆斯·穆勒（James Mill）两位大家比邻而居。奥斯丁夫妇遂与二位硕学及穆勒之子结交，往来甚密。奥斯丁及夫人今后以边沁之实利主义（Utilitarianism）为法理学之根底，或许源于彼时两家亲密之交。彼时之英国大学者，无人不慕莎拉夫人之才学，纷纷登门造访。《泰晤士报》中有记，莎拉夫人虽为知名文学家，然性格极为贞淑谦恭，自求名利之事一概避之。夫人所居并非富贵，客室之什器，甚为质朴，装饰之物一概皆无。然当世之大学者常于夫人之客厅聚而高谈阔论，纵是伦敦之显贵富豪，亦无法如此众星云集。托马斯·卡莱尔（Thomas Carlyle）[1]便为其中一人。一客厅得此伟大壮丽之景饰之，再无他处可寻。夫人不求名利，且又如《泰晤士报》所言，当时英国大学者云集于此，真可谓“桃李不言，下自成蹊”。

1826年，伦敦大学创立，初设法理学讲座，笃学之奥斯丁受聘开讲。然而，奥斯丁乃极为慎重之研究者，开讲之前，欲先调研德国诸大学之法学教授法，遂偕夫人同赴德国。当是时，因翻译利奥波德·冯·兰克（Leopold von Ranke）之《教皇史》、法尔克之《歌德人物论》等德文书籍，夫人早已声名远播。此事于奥斯丁调研一事上颇有益处，奥斯丁于波恩市得以结交史学家尼布尔（Niebuhr）、文学家施莱格尔（Schlegel）、哲学家布兰迪斯（Brandis）、爱国诗人阿尔恩特（Arndt）、考古学家魏克尔（Welcker）、罗马法学家迈科迪（Mackeldey）、国际法学家赫夫特（Hefter）以及其他德国硕学。且夫人于调研一事上亦有莫大之援助。奥斯丁夫妇遂逗留德国一年有余，充分调查法律研究法及教授法，归国后，奥斯丁终立伦敦大学之讲坛，显示多年积蓄之学力。

开课伊始，座无虚席，然其讲义之内容，如今吾人亦可从其书中得知，甚为缜密，对寻常学生而言，因过分精

---

① 托马斯·卡莱尔（1795～1881年）：英国维多利亚时代著名的评论家、讽刺作家、历史学家。——译注

细，竟不解奥斯丁之卓越学理。于是乎，听者逐减，讲义越推进，教室越显空旷，竟余前列热心者十人左右。所谓“大音不入俚耳”，寻常之人不识大才之真味，故坚守讲座之学生，多年后皆成世界知名学者。所谓英雄惺惺相惜，大名鼎鼎之约翰·斯图亚特·穆勒乃当年坚持听讲之一人。

莎拉夫人之序文，深情叙述亡夫奥斯丁之品行，其思想之高洁、其蕴蓄之深远、其好学志笃，皆以泪记之，并将遗稿公开前之事款款道来。其文笔高洁婉丽，行文高雅端庄，情义兼至，读者或肃然正襟，或怆然流涕，或一读三叹、击案称快。

如今略举一二例，莎拉夫人于序中言及丈夫虽怀非凡之才，然终生贫困，亦无跻身显贵，记叙相关之事，绝非对世人或对丈夫有不满之情。为明此意，夫人字里行间皆坚信夫之学识乃伟大之物也，优于世俗所重之冠冕爵位。

夫人忆及当初，奥斯丁于求婚信中直言，对世间荣达并无希冀之意，自己亦知晓而应之，如今如何能口出不足之言？夫人之文章乃千古名文，与其翻译，不如诵读原文，方识其瑰丽流畅之真味。故将原文节录如下：

> …Even in the days when hope is most flattering, he never took a bright view of the future; nor（let me here add）did he ever attempt to excite brilliant antic-

ipations in the person whom he invited to share that future with him. With admirable sincerity, from the very first, he made her the confidant of his forebodings. Four years before his marriage, he concluded a letter thus; — "… and may God, above all, strengthen us to bear up under those privations and disappointments with which it is but too probable we are destined to contend!" The person to whom such language as this was addressed has, therefore, as little right as she has inclination to complain of a destiny distinctly put before her and deliberately accepted. Nor has she ever been able to imagine one so consonant to her ambition, or so gratifying to her pride, as that which rendered her the sharer in his honourable poverty.

夫人亦记叙出版亡夫遗著之首末，文字情义兼备，既见女子谦德，又示凛然贞烈之思想。夫人悲叹夫婿呕心沥血之著作未成而离世，遗稿是否可公之于众，自己亦心生疑惑，愁眉不展。夫人因熟知夫婿生性细心周密、不容丝毫粗略，遂辗转反思：学者之妻出版亡夫生前未完之稿，岂非破敬顺夫君之道？将此余生投入亡夫之遗业，事之仿若夫犹尚存，固为无上之乐，然岂非为求一己之慰藉而违夫之遗志乎？心烦意乱中，夫人曾决意，让夫之事业随之永埋地下。然再三思量，湮灭伟人之业，亦反人类之道。夫婿视其未完，尚不公开，盖因其形式体裁尚未完备，而其学说则已确信无误。亡夫生前未获传播之学说，生后其妻尽心使之得以公认，或有益于后进，夫必含笑于九泉。深思熟虑后，夫人心意遂定，听故人之友人、弟子劝告，决定出版其遗稿。

出版一事既定，而遗稿之整理编纂当委托何人，仍悬而未决。奥斯丁乃极为致密之思想家，对诸事甚为苛求，即便区区草稿，亦周密至极，数度增删，直至满意。每页除却大量追加、删减、插入外，或书符号以示连续，或引线以表转置，读之如坠迷宫。且奥斯丁有一癖好，为使读者对新理论记忆深刻，同一事竟不厌其烦数度反复之。加之其好用斜体字，使整理编纂难上加难，若无非常之学识与手腕，若非平素熟知其思想、性癖之人，则无法胜任。然而莎拉夫人并不愿担此一职。夫之草稿，虽多有重复之语，斜体字之多存亦有损体裁，却是亡夫为某一观点而刻意为之，为妻者实不忍改。他日出版此书之人或移除此碍眼之处，乃彼之自由也。敬顺之道，吾有而彼无（“Future editors may，if they will，remove this eye - sore. They will not be bound by the deference which must govern me.”）。

奥斯丁之友人、弟子皆望此遗稿出版，且草稿极其复杂，亦有断篇残章、累赘重复之处，出版者若非最重著者之名誉、对遗稿持深厚敬虔之念、刻苦精励之人，此大业终不可成。众人遂力劝夫人，望其允而为之。是时，一挚友执稿而阅，见其为累累残篇，艰涩难读，遂语夫人曰："此乃至难之大业。汝若不为，则永无出版之日。"夫人闻而决意为之。夫人之原文如下：

"One of them, who spoke with the authority of a life – long friendship, said, after looking over a mass of detached and half – legible papers, 'It will be a great and difficult labour; but if you do not do it, it will never be done.' This decided me."

夫人决而思之。此番大业固困难至极，然与夫亲密携手共度四十载，两心相交，常获光明与真理，如汲活泉，故探索其内心充盈之思想亦非不能。以情意之心思之，艰涩文字之意亦非不解。以情意之目阅之，他人费解之处亦非不可读。漫长一生，夫不仅得吾尽心协助，亦时常谈及法学问题，时读文章以听。夫婿内心所思之事，自己听之亦觉无限趣味。夫人如此自我勉励，终决意为之。

上述之叙情文，余无力恰如其分译出，故将原文摘抄于此：

> “I have gathered some courage from the thought that forty years of the most intimate communion could not have left me entirely without the means of following trains of thought which constantly occupied the mind whence my own drew light and truth，as from a living fountain；of guessing at half–expressed meanings，or of deciphering words illegible to others. During all these years he had condescended to accept such small assistance as I could render；and even to read and talk to me on the subjects which engrossed his mind，and which were，*for the reason*，profoundly interesting to me.”

可有学者之妻读此一文而潸然泪下者？

十余年前之明治三十八年（1905），余访问美国哈佛大学之时，于法学院大讲堂中，见奥斯丁夫人莎拉之像高悬其上。此乃英国牛津大学马克伯教授（Markby）所赠之物，余不禁面其像而深表敬意。

莎拉夫人（1793～1867年）

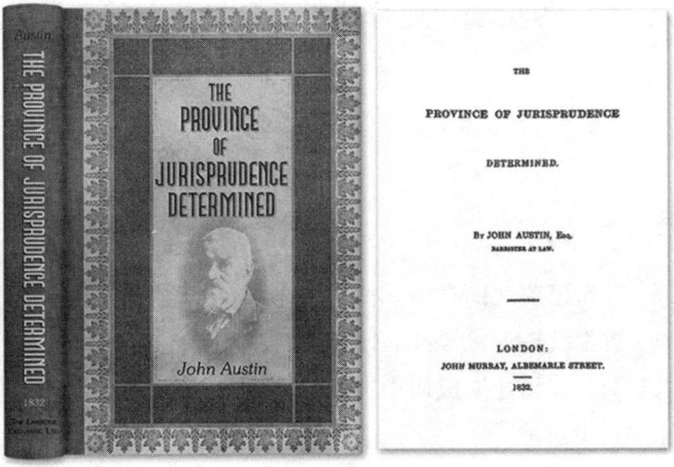

约翰· 奥斯丁著《法理学的范围》初版书影

六六、 历史法学比较法学之鼻祖莱布尼茨

莱布尼茨（Leibnitz）博学强记，古今无人可比。爱德华·吉本（Edward Gibbon）评其曰："彼如心怀吞并世界之宏图、却伟业未成而中道崩殂之古代英王。"恰如《浮士德》中所记：

Habe nun，ach！Philosophie，
Juristerei，und Medicin，
Und，leider！auch Theologie，
Durchaus studiert，mit heissem Bemühn.
嗟乎！吾已
熟会哲学，
饱谙法学，
通晓医学，
详味神学。

但凡成科之学问，莱布尼茨无一不精，涉足哲学、理学、医学、神学、数学、法学等诸学科，英王威廉三世亦戏称其为“步行辞典”（Walking Dictionary），德国、意大利、俄罗斯等王室皆以终身年金赠之，优待硕学。

莱布尼茨弱冠之年，曾赴莱比锡大学，申请法学博士之学位。然大学以未成年为由拒之。莱布尼茨笑曰：“年龄与学识有何关系乎?”遂去而提交学位论文一篇至阿尔特多夫大学，题为《法学教习新论》（Methodus nova docendae discendaeque jurisprudentiae Methodi Novæ discendæ docendæ que Jurisprudentiæ. 1667）。小小一册，却为法学划时代之大论述，于百年前预言十八世纪后法学革命之大著述。莱布尼茨书之曰：“各国之法，有内史外史之别。历史法学须成法学中之特别一科。”又云：“余得上帝冥助，集古今各国之法，对照类别之，绘制法律全图（Theatrun legale）指日可待。”后世言及历史法学始祖，必为萨维尼，而比较法学始祖则为孟德斯鸠，然此二学派开山祖师之名誉，当属莱布尼茨。

六七、 边沁之崇拜

杰里米·边沁（Jeremy Bentham）志学之年，一日旁听公判，得见赫赫有名之法官曼斯菲尔德。当时之风气，乃对英雄敬若神明，曼公威风凛凛之风采，即刻虏获少年之心，自此热心崇拜之。边沁自友人马丁之处请来曼公一肖像，高挂壁上，时仰视之。然犹嫌不足，时常徘徊于曼公漫步之小树林，以近其威风为乐，觇窥攀谈之机。日复一日之渴望，竟驱使其立意为曼公作一颂词。首句脱口而出，一气呵成。

Hail, noble Mansfield, chief among the just,
The bad man's terror, and the good man's trust.

妙句偶得，不禁拍手自喜，更欲往下接之，竟力不从心。理当如是。起句庄严太过，以何名句续之，均难免龙头蛇尾。千思万考，推敲百遍，竟无一词可写，遂偃旗息鼓，不了了之。

六八、 从不做笔记之学生

布莱克斯通（Blackstone）曾被誉为英国空前之大法律家，名声赫赫，于牛津大学任教之时，听讲者数以千计，满堂竟无立锥之地。学生胸怀敬仰之情，耳听先生滔滔之语，奋笔疾书，唯恐遗漏片言只语。唯有一少年，拱手垂头，阖目若寐，身处知名讲堂，却不记一言半句而去。友人怪之，试而问之，少年答曰："余乃研思先生所言正确与否，何来闲暇以记之。"

"研思"一言，不凡之兆立现，道出边沁旷世硕学之未来。他日著《政府片论》（Fragment on Government）、打破布莱克斯通之陈腐学说、使英国法理学为之一新、享有出蓝之誉之边沁，正是此不做笔记之人。

六九、 无名之人

边沁初刊《政府片论》第一版时，特匿名为之。是时，布莱克斯通之学说被尊为法学家之金科玉律，而该书畅快淋漓驳斥之。且自然法主义及天赋人权之说，亦被奉为万世不易之真理，而边沁以耳目一新之实利主义率先抨击之。卓越不凡之思想，加之流利雄浑之行文，即刻万人瞩目，未读之人以之为耻，读过之人啧啧称赞，一时呈现洛阳纸贵之盛况。此书名声大震，疑问亦与之俱来，此无名论客竟为何人？世人好奇之，遂恣意以当代诸名士拟之，埃德蒙·伯克（Edmond Burke）、邓宁（Dunning）、曼斯菲尔德法官（Lord mansfield）、卡姆登法官（Lord Camden）等诸大家，皆轮番被冠以此虚荣。

得此佳音，最为欢喜之人，当属边沁之父。亲子间鸡毛蒜皮之琐事，亦拿之四处吹嘘，此乃为人父母之常情也。

因此，当爱子之桂冠花落别家时，其父不胜焦虑之思，遂忘却与子之固约，自行拜访发行之书肆，求其于第二版中题杰里米·边沁之名。然书肆拒不应之，云此书发行之多，全因匿名之故，而令公子并无高名，若题之，必人气骤降，声价锐减，故不能从。怎料此事竟不胫而走，世人颇为失望，本以为大家之说，却是黄口小儿之作。书肆所言不差，第二版之准备终不了了之。

边沁事后亦自记之："因吾父不守约，众人一知此书之著者乃无名之人（Somebody unknown to nobody），书肆忽门可罗雀。"盖难掩"年少何罪，白发何尊"之感慨耶。然世人不买书而买名者多矣。

七〇、 边沁之功绩

天幸边沁，假以八十四岁之高寿，而边沁亦不负光阴，不虚掷天宠，物尽其用。其哲学之主眼，乃举世闻名之“最多数人之最大幸福”之实利主义，其自身亦为该主义之忠仆。其著书大小六十三卷，离世后，友人鲍林博士(Bowring)将其部分与手简、小传一并编纂刊行，即如今通行之《边沁全集》。

边沁初提实利主义、倡导法律改善之时，因循守旧之英国人士，皆惊叹于其论点之奇特大胆。一时间，过激论、腐儒之空论、捕风捉影之妄说等嘲骂之声不绝于耳，加诸其说之上。然边沁未有丝毫屈服，直言谠议，不惮讳恶，时亦犯险逆龙鳞，遂笔锋渐锐，至死为实利主义披荆斩棘。学者之说，历来先行于社会之进步。边沁之法律制度修改案，无虑数百，虽享八十四岁之高寿，然其生前实施者，仍寥寥可数。但学者之说，旋即实施者素来不多，必待通时务之实干家，应社会之需求而付诸实施。受边沁熏陶之政治家中，有皮特、麦金托什、布鲁厄姆、罗米伊等诸名士，不乏继承遗志、实现所论之人，故边沁离世不过数十年，实施之方案、公认之论点便不计其数。穆勒对此有如下评论：

> “边沁思想之传承非通过其自身著作，而是凭依受此等著作滋养的头脑、作家，凭依受其精神熏陶并与世界联系更为直接之人，得以成就。”（穆勒：《政治、哲学与历史论文集》）

边沁之论，于法制上有刑法之修改、狱制之改良、流刑之废止、诉讼税之废止、禁锢负债者之废止、救济院之设置、邮政税之减少、邮政汇票之设定、地方法院之设立、议员选举法之修改、公诉官之设置、生育结婚及死亡登记法、海员登记法、海商法之制定、利息限制法之废止、证据法之大改良等；于法理上有国际法（International Law）名称之创始、主法·助法（Substantive and Adjective Law）之区别、动权事实（Dispositive Facts）之类别等，不胜枚举。其中亟待实施者，刑法成典之编纂也，而实施之日遥遥无期者，除却法典编纂，仍为数尚多。将来可见实施者，亦应不少。

边沁离世已过五十载，余威殷殷，至今渐炽。伟人虽死犹存也。余读边沁而见法律界之一大伟人。穆勒盛赞边沁“承混沌之法学，而遗之整然”（He found the philosophy of law a chaos, and left it a science）。

杰里米·边沁（1748～1832年）

七一、 合意不成立

边沁晚年居于伦敦皇后广场（queen square place），名其居所为“隐遁舍”（Hermitage），深居简出，静心向学，潜精学理之研究。一日，爱德华·沃尔什（Ed Walsh）慕名来访，至隐遁舍，递侍者一纸条，上书“沃尔什愿面会边沁”。未几，侍者出，亦以一纸条转交，沃尔什展读，竟为“边沁不愿面会沃尔什”。

七二、 边沁的法典编纂提议

杰里米·边沁被誉为近代法典编纂论之始祖。其为求编纂法典之委托及咨询，修书至欧美各国政府及国民一事，于法史，尤其其传记中大放异彩。

1814年5月，边沁听闻俄国有编纂法典之举，便修书一封，呈交亚历山大大帝，自荐担任法典立案之职。所修之书信颇长，此处无法全文引用，仅译载其首尾，以略示其热心：

> 外臣杰里米·边沁谨上书沙皇陛下，奏请陛下立法一事。臣年已六十六，潜心钻研法治五十余年。今年事已高。倘若陛下因大帝国之立法改良之故，肯用臣之残躯，使臣为法典编纂尽绵薄之力，则臣愿穷毕生之力而为之。（中略）

> 如今战争妖云笼罩欧洲。陛下若能赐臣数行诏敕，臣当即刻着手治平之大业。臣若有幸得陛下对此大业之任命，其重任之荣誉与满足，便为陛下赐臣独一无二之赏典。臣岂敢另有他求。(下略)

然而，翌年四月，亚历山大大帝自奥地利维也纳寄一手简与边沁，谢其厚意，且云："先生高识，朕已命法典编纂委员，若有疑义，当问于先生。"并赠一贵重戒指为念，以谢边沁之厚意。边沁再上一长书，表白金钱上之有价恩赐非己之所欲，故退还戒指。且边沁预见委员必不屑听一己之见，故沙皇之命，仅为礼遇，便愈发细说法典编纂之主义、程序等事，再次奏请当此一职，然终未得沙皇应允，遂止。

此前于1811年，边沁曾修书美国总统麦迪逊，论合众国法典编纂之必要，且自请任立案一职。然麦迪逊总统五年后回信谢绝，信中曰："布鲁厄姆法官（Lord Brougham）赞誉先生乃方今欧洲适任法典编纂之第一人，余欣然同意。然，奈何合众国如今法典编纂之举困难重重，暂无计划实施。"然边沁编纂法典之热血，不因一次蹉跌而冷却。见目的难以达成，边沁便多方寄送意见书，以求法典立案之委托。1814年，书信送抵宾夕法尼亚州州长处，信中请求无偿从事法典之立案，然未得许可。边沁进而修书至诸州州长处，自述承担法典立案之愿，更刊印一册子，题为《英国人杰里米·边沁致美国人民之信》，力说法典编纂之必要，痛论爱国之士当全员赞同，且于文末写道："余在此暂别诸位。诸位若他日托余为之，请勿忘，余必不负重托，甘为忠仆。杰里米·边沁。"然而美国诸州人民及政府，无一人回应边沁之请。

1822年，边沁虽已七十五岁高龄，然其欲尽毕生之力于法典编纂之热情，却毫无退减，反越老越炽。提议一国编纂法典之事遂止，边沁进而著书立作，题为《对所有心怀自由主义之国民之法典编纂提议》（Codification Proposal addressed by Jeremy Bentham to All Nations professing Liberal Opinion），劝告文明诸国编纂法典，且力陈启用外国人为法典起草者之利。文末处，边沁直言自荐之原由，云"外国人起草之法典更为公平，因无国内党派与种族之偏见。外国人起草之法典更为精准，因众目之检视甚为严格。虽有不解国情、不通民俗之弊，然法典之组织各国大抵基础相同，亦不足为瑕。何况至细则处，可得谋于国内之法学家"。

边沁亦修书至欧洲各立法议院，陈述法典立案之必要，并求一许可。然唯有希腊革命政府、葡萄牙等少数国家回应，亦仅为区区意见咨询，而法典立案之事，几案寂然，边沁终此一生不得一纸许可。

边沁博学宏才，心系法典编纂五十余年，当是时，其著作早已传译诸国，其学说亦风靡一时，声名赫赫，天下无人不知无人不晓。

然，以边沁之硕学，其素志何以天下不容？无他，只因法典编纂乃一国立法之大事，委托外邦人士，既有愧于本国法学家，亦重创国民之自尊。明治二十三年（1890），第一次帝国议会上，商法实施延期问题上议至贵族院之时，余于贵族院主张延期修改论，引上述边沁之例，论法典乃国民行为之典范，假借外人之手乃国家之耻，颇有几分动摇议员之效。边沁全然不解此等国民情感，且再三修书至各国政府，兼劝告其国民，屡次失败亦毫不屈志，越挫越勇，向天下万民直抒胸臆，直至无人回应，仍不悟个中缘由，想必是其气宇阔达，以世界为家、以人类为友，不知世间国民情感之所存。故其论述外国人编纂法典优于本国人之余，亦游说各国政府，宜接纳外国议员入立法议会，例如，西班牙应吸纳若干英、法、俄、意、葡国人民为国会议员（Bentham's Works IV，p. 563）。可见边沁眼中无国界。读此论者，或嗤笑边沁之迂，然边沁之所以为边沁，盖因此点也。

七三、 命悬一线之提议权

希腊之卡隆达斯制定多利安法时，曾颁布一令，奇异至极："意欲提议修改或制定新法之人，需引绳绕颈，方可入场。若提案未过，提议者当立即引绳自缢。"

如今之议会，断无颁布如此奇文怪令之理，然所谓议员，宜常具引绳绕颈之心，慎待立法之大任。

七四、 酩酊者之责任

庇塔库斯（Pittakos），希腊七贤之一，因“精识时机”（Know thine opportunity）之名言而扬名。当是时，暴君虐政，为救民于水火，庇塔库斯在众推下，不得已挺身而出，料理国政。因其素无荣达之志，即位后，广布善政，遍设良法，待报民之信任终了后，即刻退位，弃如敝屣。

庇塔库斯所定之法中，有则法规，曰：“醉酒殴打平民之罚，双倍于清醒时之所为。”（Hooker's Ecclesiastical Polity）此法甚为有趣，醉者对国之危害，甚于清醒之人。饮酒之举虽不致罪，若酿出祸事，则可由祸事反推，定饮酒为祸端。且饮酒与殴打，相互关联，可两罪并罚。无论从预防主义、惩戒主义，抑或鉴戒主义见之，皆有理。然泥古之自由意识论者，或非之也。

七五、 有其父， 未必有其子

坦特登勋爵（Tenterden）本为理发匠之子，然其学法而成律师，后荣升至高等法院之大法官，且跻身贵族之列。其判决中，多有流传后世之名判，熟谙英法之人皆知。

坦特登尚为律师之时，曾因一案，与对方律师于庭上唇枪舌战。激烈争辩之余，对方终出卑劣之招，转而人身攻击。

> “汝今日厚颜庭上，大言不惭，亦不过一区区理发匠之子也。”

听此谩骂，坦特登不过耸肩回之，忽淡然反问曰：

> “汝乃如何？”

对方昂然答曰：

“余乃法学家之子也。”

坦特登冷笑曰：

“原来如此，汝乃因法学家之子而为法学家，幸也。若汝如吾辈，为理发匠之子，如今岂不正为客于颐下涂脂抹膏乎?”

七六、 法庭上之扒手

托马斯·莫尔爵士（Sir Thomas Moore）任伦敦法院审判长一职时，有一部下，乃法官也，甚为倔强。凡判偷盗扒窃之案，该法官并不诘责加害者，反骂被害者，叱责其因自身疏忽而招祸，怨不得他人，并因此颇为自得。莫尔审判长认为滑稽至极，便伺机略施小惩。

一日，一惯偷被捕。审判前日，莫尔与之密会，并授其一密计。待审判当日，该法官依旧先大喝一声，对被害者严加叱责，而后方才讯问犯人。犯人老实作答，曰："事已至此，吾还有何隐瞒。不过，唯有一事，乃难以公开言说之秘密，请阁下务必靠近，使吾耳语之。"因其再三请求，法官便冒险趋近，听其陈述之。

当日审判结束，众法官一同入内室休息，闲话家常。莫尔忽面向该法官，语之曰："眼下有一慈善事业正募捐，余已聊表心意，汝若有意，余可代为转交。”法官当即应允，曰：“那便有劳了。”遂翻衣兜，却忽露惊惶之色，周身上下寻之又寻。莫尔不露神色，笑曰：“汝之钱包，已于耳语之时，入被告之手矣。此乃汝之不慎，方招此祸，便也怨不得他人。”此言一出，在座众人且惊且笑。该法官亦茫然若失，哑口无言，从今往后，不再出言叱责被害者。

七七、 扒手之慧眼

约翰·西尔威斯特法官（John Sylbester）一日正主持某盗窃案件之审问。审问期间，法官不时伸手探入衣兜，貌似寻某物而不得。审判以证据不足告终，被告当庭重获自由之身。

当日事务毕，法官归家，家人迎而告之："今日您怀表遗落家中，众人正谈论您当多有不便之时，法院恰遣使者来取，便交之矣。"

七八、 石出带刀之纵囚

明历三年（1657），江户遭一大火，火势之大，未曾有之，所烧之处，殆化为灰烬。大火始于正月十八，直烧至二十日，死者约十万二千百余人。遭此不测之人中，有尸骸无人认领者，众人遂于武藏下总①境内之牛岛，掘一六十见方之大坑，将其掩埋，令芝增上寺于此处建一庙宇，取名诸宗山无缘寺回向院，即现今之回向院。大火肆虐之际，当时赫赫有名之典狱石出带刀纵囚一事，记于万治四年（1661）出版之《武藏镫》。

> 此地有一牢狱奉行，名石出带刀。猛火忽窜，瞬息直逼牢狱，带刀即语犯人曰："汝等必将葬

① 下总：日本旧国名，位于今千叶县北部和茨城县西南部，属东海道。——译注

身此地，何等不幸。如此丧命，可怜可叹，吾意姑且放之。汝等即刻逃命，不拘逃往何处，应极力保命。待火事镇压，汝等当悉数返回下谷。若能如约而返，吾定舍生救汝之性命。若有未赴约之人，吾必天涯海角追捕之，无论何原由，满门处决。”带刀遂开启狱门，放归数百犯人。犯人泣谢，感怀带刀再生之恩，虽四下逃行，然火灭之后，皆如约返回下谷。带刀大喜，曰：“汝等有情有义，纵有重罪，如此守义，岂能杀之?”遂将此事呈报御家老，赦免犯人。

贞观六年，唐太宗亲审犯人，因怜悯罪大当死之大辟囚，遂放三百九十人返家，且约定，于翌年行秋刑之时(中国古代只于秋季行刑，故法官亦称为秋官)，自行归来就死。及期，犯人悉数归来，太宗感叹其守义之笃，将其尽数释放。此事载于《资治通鉴》，与石出带刀之事，何其酷似，然细细较之，其趣大异。

石出带刀之处置，乃突遇变故，而基于人情所行之必要之举，虽释放，却有归来之由。而太宗之纵囚，乃常态下之举，且犯人并无归来之原由，却敢做此无必要之奇行，乃以君子之所难，求罪大恶极之人。正如欧阳修于《纵囚论》中所言，此举不过为求一英名而欺世之实例耳。三百九十人之大辟囚，悉数如约归来受死，若非历史伪造，难免令人猜测，是否密定赦免之约而使其归来。而上文之石出带刀，乃施恩于突发变故之时，且愿为归来者舍生求赦，若有违约者，即便躲至“天涯海角”，定寻而严加处罚，故犯人有必返之理由，最终尽数归来，亦为当初之预期。《武藏镫》中载，内有若干人，意欲逃匿于乡里，然被乡人所告发。石出带刀之所为，即欧阳修所言之“可为天下之常法”，绝非“立异以为高”。

现行之《监狱法》第二十二条中规定，遇天灾地变时，若无护送避难之暇，可一时释放犯人，令其于二十四小时内至监狱或警署自首，石出之应急处置，直至今日，仍获认可。

七九、 大儒之拟律

正德之时，武州川越内驹林村之百姓，名甚五兵卫，与其子四郎兵卫，合谋绞杀甚五兵卫之女阿梅之夫伊兵卫，父子二人乘伊兵卫自江户住所短暂归乡之时，杀之并抛尸河中。女儿自然不知系何人所为，便告之于官。然多方查证，凶犯竟为生身父亲及亲兄长。事态演变为子告父兄之罪，父兄将处以死刑。《斗讼律》中有“告祖父母父母者绞”之文本，然川越领主秋元但马守难以判定，是否将该女子定罪为告发尊长，遂请示幕府，何以处置。

幕府遂命当时儒官林大学头信笃（凤冈）及新井筑后守（白石）二人，为此事拟律。林大学头引用上文《斗讼律》之“告祖父母父母者绞”，以及《左传》之记事：

祭仲专，郑伯患之，使其婿雍纠杀之。将享

> 诸郊。雍姬知之，谓其母曰：“父与夫孰亲?”其母曰：“人尽夫也，父一而已，胡可比也?”

更引《论语·子路篇》：

> 叶公语孔子曰：“吾党有直躬者，其父攘羊，而子证之。”孔子曰：“吾党之直者异于是。父为子隐，子为父隐，直在其中矣。”

林大学头引其为立论之根据，断案为：诉父之恶事者，当处死罪。

然而，白石却另有见解，将一长文意见书上呈幕府，内详论曰：如此情形下，纵然知晓父之恶行而上诉，亦无罪。此意见书载于《决狱考》一书中，其论旨之概略如下：

> 君父夫三纲，人伦之常中，皆为尊者，并无差别。然而，当遇人伦之变，需设轻重而择其一而从时，必寻一标准而依之。本件中，父与夫，为重亲者当从之，此为解决问题之关键，余拟以当今中国丧服制为标准，来定夺此案。《仪礼》中，女子许嫁而未过门期间，父亡，斩衰三年

（斩衰为五丧服中最高等之丧服，其缝制万事粗略，布亦为下等品，以示最大之悲哀）；女子既嫁，父亡，服齐衰不杖期（齐衰为二等丧服，布料略优于斩衰，缝制亦较为仔细，以示较轻之悲哀。不杖期，乃悲不甚大，无需杖，丧期一年）；而妻因夫亡，需服斩衰三年之丧，可知，女子出嫁后，夫重于父。即女子居父家时，以父为天，既嫁后则以夫为天，如遇父杀夫之人伦之变时，可违父而不可违夫也。何况，此案中，女子不知凶犯系何人而告官，至后方知所告之人乃其父，自然无罪。即便已知凶犯为父而告官，亦无罪。此女若告发后自尽，则对夫守义、对父兄尽孝悌之道，然此为责人所备之事，一般人难以实现。况且，林大学头引证之《左传》之语，乃左氏以戒不义而写，决非可引为论据。

白石亦从古典及中国历史中旁征博引，加以详论，故幕府遂采用其意见，秋元但马守将凶犯甚五兵卫与四郎兵卫处以死刑，判诉人阿梅削发为尼。判决书如下：

甚五兵卫

四郎兵卫

上述两人，父子合谋绞杀婿伊兵卫，判决凶犯二人死刑。

阿梅

此人发现夫伊兵卫死于河中，诉至本处，父甚五兵卫、兄四郎兵卫两人谋杀之事败露，父兄同为凶犯，处以死刑，因其夫被杀、父兄死罪，命其为尼，前往镰仓松冈东庆寺。

卯十月二十七日

秋元但马守

如今观之，本案之女无罪一事，乃明白无误之事实，并无需凤冈、白石两大儒官如此绞尽脑汁论战，然当时于形式上甚为尊崇中国道德，且德川幕府尤为重视犯上之罪科，特设严罚之方针，方引发上述之论战。

八〇、 罪之语义

“罪”（つみ）之语义，自古便有种种解释，前有本居宣长之《大祓词后释》，后有伊势贞丈之《安斋随笔》，其认为“つみ”源自“つめる”（掐），曰：“由掐肤疼痛而来之词。”

此乃另辟蹊之解释也。继母虐子，的确罪孽深重。

八一、 食人无罪

弗朗西斯·培根曾提出一著名问题，海难之际，遇难者两人同夺一木板，而木板仅能承重一人，此时，一人推落另一人，致使一人获救、一人溺死，生还者是否因杀人问罪。培根自答曰，两人无法并存之时，行自救法则，应无罪。余确犹记得，格劳秀斯曾论曰，若一饥饿之人，途经一面包房，临时起意，偷取店头面包，食之而免于饿死，不为偷窃之罪。

印度古圣法中记载，濒临饿死之际，若杀人而食其肉，因其为自救，不构成犯罪。《摩奴法典》第十卷中载：

> 第一百零四条：命将不保之人，虽受食于他人，却不为罪过所污，恰如天空不为泥土所污。

第一百零五条：阿伽斯提亚（Ajigarta）虽曾企图杀子而食，然仅为免于饿死，非犯罪也。

依此观之，当时宗教、法律皆允许为自救而杀人食之。

八二、 掠夺刑

原始人往往允许掠夺罪犯之财产，以此作为刑罚。例如，斐济岛之土人以及新西兰人中，若有犯禁忌者，其刑罚，便为邻人可尽数夺其财产。此刑罚称为“Muru”。故有触犯禁忌者时，左邻右舍皆聚而静候刑罚之宣告，待判决下达，判其有罪时，便争先恐后涌入其家，随意夺走其家财及家畜。

如是刑罚，等同于剥夺罪犯财产权，判其于财产上为法外人（Outlaw）。后世之没收刑，乃此刑罚之进化，不过财产乃官方没收，与邻人随意夺取有所差异。受此刑罚之人，便失去所有生活资料，刑之残酷，自不待言。然夏威夷等蛮族中，触犯禁忌者，多处以死刑，相较之下，没收财产已是极大进步。

八三、 食人刑

刑罚源于复仇、变为正义、终于仁爱。故原始社会中，刑罚之直接目的，乃解被害者或被害者同族，甚至君主等人之怨恨，满足其复仇之念。为示极端憎恶怨恨之念，中国有“欲食其肉”一语，南宋名臣胡澹庵之封事中亦有“人皆欲食伦之肉”之表述。至开明社会，此语仅为比喻，而蛮族间，却是事实。北美印第安族中亦有类似词语。

刑罚之目的乃复仇，若憎恶之极致为食其肉，那么极刑之食人刑亦不足以为怪。非洲蛮族巴克人，将叛逆、间谍、通奸、夜盗等罪处以食人刑，死刑之执行方法，乃令族人活吃罪犯之肉。此外，余亦曾听闻，蛮族有如下习俗，于执行前贩卖死刑囚之肉，行刑后，公众可随意分取其肉。

八四、 本居宣长之刑罚论

本居宣长翁主张除害主义之死刑论、证据主义之断讼论。其效劳于纪州侯之时，所著《玉栉笥别本》[①] 中，有如下一文：

> 刑罚宜宽松。然，若容其活命便不断祸害世人者，杀之亦甚好。盖杀人一事，纵然仅为一人，亦甚为重大，故一般之事，规定不用死刑，确为幸事。然近来世间多听闻，不该杀之人，因审讯稍难，便以毒药毒之，以病死而终，此等作为，绝不该有。此外，余亦听闻，审讯盗贼、纵火犯时，无辜之人因不堪拷问之痛楚，屈打成招，然

---

① 《玉栉笥别本》：亦译为《玉匣别本》，1787 年成书。本居宣长于书中提出，应以古道之精神来应对社会弊病。——译注

一旦招供，官府亦不辨真伪，判其为犯人而行刑，此等作为，亦不该有。刑法之规定固好，然以守法之名，草菅人命之事常有，宜慎之。纵使稍有法外之事，亦应先考量实情，从轻发落，方才妥当。然而，异国有一习俗，死刑之执行随心所欲，纵为贵人，亦毫不留情，执行严刑。反观本朝，位高之人可缓刑，实为幸事。

八五、 奇异死刑

古代刑法，多有酷刑，罗马古法亦不例外。据优士丁尼大帝（Justinianus）之《法学阶梯》（Institutiones）所载，有一法称“庞培法”（Lex Pompeia de Parricidiis），若犯杀亲罪，则以无他之奇异刑罚处置之。杀亲罪（Parricidium）之罪名，亦包含双亲外之近亲。此类罪犯，乃天人不容之大罪人，《法学阶梯》中书：“行刑不用一剑一火，亦不处以寻常之刑，而将犯人与一犬、一鸡、一蛇、一猿共缝入皮袋中，并将此可怖牢狱，依地势投入海中或河中，令其生时便已断绝一切生存原素，生无可吸之气，死无可葬之地。”依优士丁尼大帝之《学说汇纂》所记，附近若无河海，则任由猛兽撕咬身体。

八六、 财产刑之一钱切

本邦战国时期，有一刑名为“一钱切”。《信长记》中有如下一文：“信长卿在清水寺之时规定，无论身份高低，于洛中洛外行为不检点之辈，行一钱切之刑，即命柴田修理亮、坂井右近将监、森三左卫门尉、蜂屋兵库头四人即时张贴告示。”据同书记载，此事发生于永禄十一年(1698）十月。此外，《清正记》中记有天文二十年(1551）正月丰臣秀吉所下之法令：“一、军队于我方粗暴狼藉辈可为一钱切事。”据《安斋随笔》中所引之《房总志科》记，望陀郡真里公村天宁山真如寺门前禁榜中写道：“门前百姓，于非法有之者，可为一钱切事。”

此处之“一钱切”，究竟为何物？相关之说林林总总，首推伊势贞丈之见，一钱切乃一钱不剩没收财产之财产刑。其于《安斋随笔》中如下论述：

> 贞丈按，所谓一钱切，乃令犯人支付罚金也。切字意为限。收取罚金时，差遣衙役，将犯人所持之钱尽数没收。即便仅有一钱，亦一钱不剩而没收，故云一钱切。

其次为新井白石之言，意为盗一钱亦处死刑，《读史余论》中记：

> 因此人（丰臣秀吉）之军法，始有一钱切之事。盗一钱亦处死刑之意。

窃以为，贞丈之说恐为曲解。尤其军队之刑罚采用财产刑，委实难以理解。故“切”应为“斩”之意，即便事关一钱之微罪，亦处以斩首之严刑，以示丝毫无假借之意，乃一威慑之法文，此番见解方属妥当。

八七、 联合反抗

联合反抗乃法之权威之大敌。故多数国家规定，共谋、同盟及其他联合行不法之举时，联合本身即为独立之罪，或为加重之原由。本邦旧幕时代之“朋党”、英国法中之“Conspiracy”，皆为例。因联合反抗强而有力，故立法者意欲立法却恐生联合反抗之时，必先充分抑制其反抗，或考量是否有处罚之实力与决心，方可制定。

英国近来便有一例。如今欧洲战乱之际，英国为充实军需品，新置军器部，任命阁僚第一实干家劳合·乔治为军器大臣，并制定《军器法》（Munitions Act）。该法规定，军需品制造相关职工，若有罢工之举，一人每天处以罚金五英镑（五十日元）。然而，该法公布未几，著名煤炭产地卡迪夫等南威尔士地区，发生二十万矿工集体罢工事件。军器法之执行，陷入两难境地。因战争急需，方立此严厉之法，而如此众多违法者一齐涌现，该法委实难以执行。第一法院、法官、警察等司法机关及人员皆束手无策。况且，战火不断蔓延，煤炭之需，迫在眉睫。政府无能为力，非但不能惩罚违法者，军器大臣劳合·乔治反而亲赴卡迪夫，安抚煤炭主与矿工，并提供政府补助，应允罢工者即违法者若干要求，终得妥协，工人复业。故以重刑防止同盟罢工之政策，初始便已遭践踏，该法初始即终，成为死法。以此观之，制定恐生联合反抗之法时，若无实施之高瞻远瞩，不但难以执行，更有损法之威严。

八八、 现行盗窃与非现行盗窃

罗马十二表法中，将偷窃罪分为现行盗窃（Furtum manifestum）与非现行盗窃（Furtum nec manifestum）。

关于现行、非现行之区分标准，罗马法学家各执己见，说法不一。第一种标准，盗窃行为发生中被发现、逮捕者，为现行盗窃，盗窃行为终了后被发现者，为非现行盗窃。第二种标准，则以是否在现场被发现为区别。第三种以犯人将赃物运至目的地前未被发现作为非现行盗窃之要件。第四种标准，犯人偶尔携带赃物时被发现、逮捕之时，亦为现行盗窃。盖尤斯采纳第二种标准，而优士丁尼大帝采用第三种。总而言之，以盗犯之逮捕发生在现行中或现行后作为区分标准，并不似近代法律般，采用以盗窃方法区分为强盗、偷窃之分类法，此点须得留意。

然而更应留意者，乃现行盗窃与非现行盗窃，两者刑罚之轻重大相径庭。现行盗窃犯若为自由人，则受笞刑，后失去自由，成为被害者之奴隶（即身位丧失刑）；现行盗窃犯若为奴隶，先受笞刑，后处以死刑。然而，非现行盗窃者，不过令犯人支付被害者盗品金额两倍之赎金即可。虽为同一犯行，仅因逮捕时间差异，便设轻重分明之刑罚，趣旨何在？以近代想法度之，终归不得其解，然而，若以法律进化之理法思之，了解法律乃私力公权化而得以催生，此难题便迎刃而解。盖初期之刑法，因国家代替个人复仇而产生。倘若设刑法为国法之目的，乃为禁私斗，令社会成员依赖社会之公权力制裁，那么公权力制裁之方法，必须压制个人行私力制裁之意愿，以国家刑罚满足之。个人如何满足？恐怕只得以类似私力制裁之方法、程度，令犯人痛苦，方才能满足被害者。请诸位想象，假设如今国法未存，盗犯交由被害者私力制裁。被害者若现场擒拿，或追捕到盗犯，定会于盛怒之下殴打之，后杀之或掠为奴隶虐待之，此番举止，于原始社会中亦为人之常情。此外，被害者若发现盗犯穿着所盗衣物，招摇过市，即便非所盗当日，被害者之愤怒亦强于其他场合。然而，倘若犯人事后被捕，被害者之感情已极大缓和，稍加叱责，并处以赔偿金，或许便不了了之。故原始刑罚中，盗窃罪之公权力制裁若不斟酌此点，不严格区分，便不足以替代私力制裁。以被害者之血冷热差异为量刑之尺度，罗马十二表法设如此奇异之规定，可视其为法律进化过程中必有之现象。

八九、 古代之和平条约

现代和平条约中，往往立一条款，于两国国境中设一中立地带，以防将来之冲突。而古代和平条约中，虽有同一趣旨，而形式却大异，费利莫尔之著作中便载有此事。雅典与波斯间缔结一重要和平条约，狄摩西尼与普鲁塔克称其极为“有名”（Famous）。即雅典人得波斯人一承诺，绝不踏入骑马一日之路程以内的希腊沿海地区，以避将来之冲突。

九〇、 家界与领海 （标枪射程与大炮射程）

国法之原始状态，与现今之国际法颇为类似。其主要类似点为：（一）无立法者，依惯例或约定确立法律关系；（二）其法律关系如家庭或氏族之团体间关系；（三）团体间有争议时，依自力制裁之族战（feud）裁决；（四）或依其他团体之仲裁而解决，等等。然而，暂时搁置上述基本点，原始国法中有“家界”之制度，酷似国际法之领海制度，甚为有趣。

今日欧洲诸国之物权法中，不动产所有权之主要标的物乃土地，房屋仅为土地之构成成分。然而于古代，此关系全然相反。在古代农业尚未发达之时，土地所有权并不为人看重，庭院等所有地，亦可任人自由通行，唯有房屋，为不可侵犯之地界。“各人之家，皆为城堡”（Every man's house is his castle）乃相关之著名法律谚语。听闻朝鲜不久前依然只有房屋所有权，而无土地所有权。我国“宅地”一词，亦源自土地为房屋附属物之观念。总之，在国法之原始状态中，可比国际法之领土者，并非土地，而是房屋。

然而，为保全房屋不可侵犯，周围一带区域之安宁极为必要。即家周围之土地，与屋主有特别利害关系。古代有一习俗，于房屋周围设置一界限，以其为“家界”（Precinct），英国古法之“Tûn”、爱尔兰古法《布里恩法典》（Brehon Laws）之“Maighin”，皆为此意。且家界内之安宁备受保护，例如，英国埃塞尔雷德一世（King Aethelred）立法规定，于国王家界内杀人者，罚五十先令，于伯爵家界内杀人者罚十二先令。此处之家界，岂不酷似国际法之领海乎？

然最为有趣之处，乃家界之测定法，即决定房屋周围何等距离为家界。爱尔兰古法以标枪射程（Lance - shot）为家界测定之基准。即手握从枪尖至末端十二拳头长（即我国十二束[①]之长）之标枪，自屋门掷之，以落地点为基准画圈，圈内即家界单位，身份愈高，单位之乘数亦递增，可有二标枪射程、三标枪射程等，国王宫殿之家界为六十四标枪射程。国际法之领海测定法则以大炮射程（Canon - shot）为基准，两者观念完全相同，无需深入说明，两两比较，顿觉无限乐趣。

---

① 束：箭的长度单位，为握拳时四指的宽度。——译注

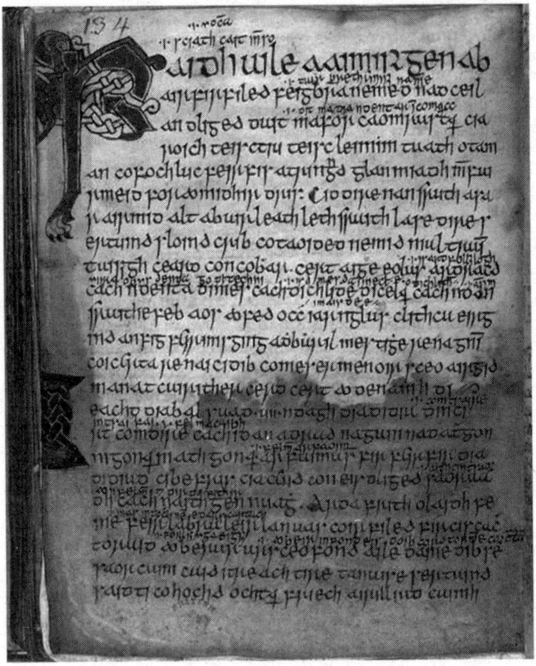

中世纪爱尔兰古法《布里恩法典》

米國海軍大佐マハン氏著

海上權力史論

上

東邦協會發行

日本近代翻译的海权著作（1897 年）

九一、 静坐绝食催告

据爱尔兰古法《古制全书》（Senchus Mor）记载，债务者不履行债务之时，债权者有权催告（Notice），后没收其财产（Distress）。然而，倘若债务者乃位高权重之人，或为长者，破门而入没收财产，委实不妥，亦难以执行。为此，《古制全书》专设一奇法，名“静坐绝食催告”（Fasting upon him）。即债权人于债务人屋前静坐绝食，滴水不沾、粒米不进，直至对方偿还债务，或提供担保。

现今之债务人，并不对此大惊小怪。汝若愿速死，悉听尊便，吾毫不在意。且催告一方，倘若饥肠辘辘，必会离去。然而，古代人之反应则截然相反。《古制全书》中记载，面对静坐绝食催告而拒不担保之人，人神不容，教徒（Druid）若饿死债权人，死后将受天之冥罚，民众对此坚信不疑，故催告法颇具效力。

东洋亦存有相似之俗，甚为有趣。印度古法《律法释义》（Vyavahara Mayukha）中载有“户下看守”之催告法，《摩奴法典》中亦有“长坐绝食”（Sitting dharna）之赔偿督促法。两者同为静坐断食催告法，平民为之亦有效，尤以婆罗门教徒更为奏效。婆罗门教徒，众所周知，乃印度种族之最高等级，其身体神圣不可侵犯。民众相信，即便间接置婆罗门教徒于死地之人，亦罪无可赦，永劫不复。故以死威胁债务者之恰当人选，非婆罗门教徒莫属。况且教徒们擅长苦行，催告之绝食更乃其专长，愈发锦上添花。教徒携带毒药或短刀等自杀工具，于债务者门前静坐，一连几日水米不进。若此家人试图驱赶或外出之时，教徒便手持毒药或短刀，以自杀威胁。因患其自杀，一家人便无法采买食物，不得不困于家中。“dharna”意为约束（arrest），“Sitting dharna”即以静坐催告使其陷入封锁状态。此时，债务者与教徒间便有一场绝食之耐力较量，然而，论及耐力，普天之下，无人能与婆罗门教徒匹敌。再顽固之债务者，最终亦只能败下阵来，提供担保或赔偿，以此解围。因婆罗门教徒之静坐效力奇佳，至后世，平民逐渐将催告一事委托教徒操办之，婆罗门教徒遂以此为常业，宛如现今之执行官。印度属英领地，法院设立后，为灭此蛮俗，当局者煞费苦心，印度刑法中亦明文规定，然多年之因袭，不容小觑，十九世纪过半，依然尚未绝迹。

此外，听闻波斯[1]现今仍存有静坐绝食催告法，且颇为有趣。债权者先于债务者门前数尺之地上播撒麦种，随后静坐中央，以示决心，在大麦成熟可食之前，必将长坐不起，绝食到底。

以上诸例皆显示，法未健全之时代，唯以非常手段，方能伸张权利。吾等应庆幸，生于圣世，可和平妥当主张应有之权利。

---

① 波斯：伊朗在欧洲的旧称译音。1935 年，波斯国王礼萨沙赫·巴列维宣布国际上该国应被称作“伊朗”。——译注

九二、 地位与收入

英国爱德华·萨格登爵士（Sir Edward Sugden）出身卑微，后任法官之职，又受封贵族爵位，人称“伦纳德勋爵”（Lord St. Leonald）。萨格登于学生时代著《买家卖家之法律》，一举成名，位及法官之后，亦多有名判，乃英国法学家尊崇之大家之一。然而，萨格登尚为律师之时，每年进账一万五千磅，约为十五万日元，待名声在外、荣升法官之后，其收入却锐减为过去之三分之一。

地位与收入未必可兼得，古今其揆一也。美经济学家理查德·伊利（Richard T. Ely）曾说：“薪俸之数，由地位职务所需费用定之，而非劳动之价。身为法官，收入却仅为律师之三分之一或四分之一，便是此理。”

九三、 非盗贼宣誓

依据盎格鲁—撒克逊王朝君主——忏悔者爱德华（Edward the Confesser）之法律，年满十二岁者，需于十户联保组织（Frankpledge）面前宣誓："吾不当盗贼，亦不与其同党。"社会之秩序，最初由市民相互担保而维持，后进化为由国家担保之。

九四、 违约之刑事责任

依据现今之法理，违约之性质，乃民事责任，各国法律规定如出一辙，唯独巴宾顿·麦考利（Babington Macaulay）制定之印度刑法中，运送旅客契约之违约者，将负刑事责任。如此设定，乃师出有名。

印度之旅客运送，乃靠当地抬轿之脚夫，其待遇甚劣于我国轿夫，乃货真价实之赤贫，所谓民事责任赔偿，一概免谈。且旅客通行之处，多为森林沙漠等荒无人烟之地，倘若此时脚夫违约，置老弱妇孺于不顾，扬长而去，实为危及人身安全之举，若以民事责任论，制裁尤显不足。印度刑法因此定其为刑事责任，委实合情合理。可见，即便该行为之性质为民事责任，特殊情况下，不定其为刑事责任，法律之目的便无法贯彻。立法者须多加留意。墨守成规、胶柱鼓瑟等事，绝非有才干之法学家所为。

九五、 临终养子与由井正雪事件

德川幕府时期，曾有“临终养子”一事。膝下无子之人，因猝病而危笃之时，或身负重伤而人事不省之际，亲友相议，以其本人名义收养养子；亦有其死后密不发丧者，佯装在世，收养养子。以上通称为“临终养子”，或“骤养子”“急养子”。

人生无常，譬如朝露，壮年无嗣而猝死者，不在少数。若法律禁止临终养子继承宗祧，无疑将后继无人，家族衰亡。然而，德川幕府初期，为整顿诸侯、牢固幕府基础，执行废除大名之政策，严禁临终养子，诸侯无嗣而终时，即没收其封地。结果，幕府开始至庆安年间，约五十年间，无嗣而亡以致血脉断绝之诸侯中，一万石以上诸侯数为六十一家，其俸禄高达五百一十七万石。

废除大名之后果，便是浪人之激增。所谓浪人者，本可依靠世袭俸禄衣食无忧，虽懂得弓箭枪刀，却不识耜锄算盘，难以自食其力。故贬为浪人后，往往生活潦倒，动辄以暴行危害良民，甚至兴风作乱、图谋不轨，皆为自然之势也。关原之役中，西军之将，失封地者八十有余，致使浪人之徒满天下。而后大坂之阵①中，亡命之徒四方云集，大坂之军气一时大振。岛原之乱中，西军遗臣等九州浪人亦投身其中，竟逼使幕府出动大军。正雪反幕事件②中，意图天下大乱之浪人数，多达二千余人。

浪人乃社会之危险分子。大坂之阵、岛原之乱，皆可称为浪士之乱，故幕府同意彻底取缔浪人，特于岛原之乱发生之宽永十四年（1637），整备五人组制度，厉行“比邻检察”之法，此事于余所著之《五人组制度论》中已有论述。庆安四年（1651），由井正雪之阴谋暴露后，幕府觉察出，早前废除大名之政策招致意外结果，天下反增危

---

① 大坂之阵：亦称“大坂之战”，是江户时代早期江户幕府消灭丰臣家的战争，是战国时期的最终战役。战争主要范围是在大坂城附近，其中包括在1614年11～12月的大坂冬之阵以及1615年5月的大坂夏之阵。大坂即今日的大阪，于明治三年（1870）更名为“大阪”。——译注

② 正雪反幕事件：又称“庆安事件”，庆安四年（1651），兵学者由井正雪与浪人丸桥忠弥商议推翻德川幕府统治，但由于背叛者密告而败露，正雪在骏府的旅社被包围，随后自杀，忠弥在江户被捕。该事件后，幕府为防止众多武士因丧失主家而变成浪人，采取了一些强有力的措施，在一定程度上促进了社会稳定。该事件被认为是四代将军德川家纲以后，幕府由武断政治转向文治政治的契机之一。——译注

险分子，与其以警察法治末，不如塞其源头，放弃废除大名之政策，以杜绝浪人产生之原因。

然而，如上文所述，幕府废除大名之最大借口，乃严禁临终养子，庆安之前，因种种原因除封或减封之诸侯，总数一百六十九家，其中，六十七家因无嗣而除封，或享特恩而仅为减禄，进而产生无数浪人。

于是，庆安四年十一月二十九日，由井正雪反幕事件以丸桥忠弥等人之处刑而告终后，幕府立即商议浪人处置一事。十二月十日，白书院召开阁老会议，酒井赞岐守忠胜提议，将浪人逐出江户，但遭阿部丰后守忠秋反对，故审议中止。然而，翌日即颁布修改养子法之相关法令，五十岁以下者，其临终养子可“依其筋目”或“依其品”许之，以继承宗祧。故庆安养子法修改后，诸大名因无嗣而断后之例渐少，临终养子之禁亦渐弛，至天和年间，五十岁以上七十岁以下者之临终养子，亦“吟味之上可定之”。总之，庆安以后之法令中，“依其筋目”“依其品”或“吟味之上可定之”等语，非但放宽绝对之禁，且极少不允之。因此浪人之数锐减，正雪事件后，浪人之乱绝迹。

依《君臣言行录》所记，庆安养子法修订，乃出自有“智慧伊豆”雅称之松平伊豆守信纲之策，正雪事件中，正是信纲以敏慧周密之计，指挥逮捕正雪、忠弥一党。

余就此事之考证，已于先前提交至帝国学士院之《帝国学士院第一部论文集》第一号中刊登出版，文中涉及诸多细节之处，故今仅叙其梗概。

日本文学著作中的由井正雪

九六、 梅博士乃真辨庆

梅谦次郎博士乃民法起草委员之一，其头脑敏锐，精力绝伦，且擅长讨论。梅君起草法文堪称神速，而在起草委员会中，三人共同商议草案时，梅君则极为虚心，面对批评一概接纳，可谓“从善如流”，即席执笔修改原稿。然而，一旦原案于起草委员会通过、提交至委员总会，梅君则以其雄健之口才，反驳各路攻击，即使面对修改意见，亦逐个辩解，务必维持草案之原貌。余偶尔觉其固执，虽同为草案起草者，亦劝其妥协让步。梅君之能言善辩，从其发言次数便可一探究竟，法典调查会初始之主查委员会召开二十回，总会召开百回，其发言总数，达三千八百五十二次之多。

一日，委员之一，亦为犀利辩论家之东京控诉院①院

① 控诉院：日本旧审判制度下级别位于地方法院之上的法院，相当于如今之高等法院。——译注

长长谷川乔，于总会之席上，滔滔陈述草案无理之处，梅君当下高呼："其中大有道理。"长谷川君面向梅君，反击曰："以君言之，凡事皆有理。"此话虽为密友间之戏谑，然从中可窥见，梅君口才之高，以及维持草案之努力。

富井博士之表现，于梅君截然相反。其深思熟虑后所起草之草案，于起草委员会中，无论其余二人如何反对，富井君从不轻言放弃，极力维持，中或有重要规定，数日讨论后未果，无法合意，便将富井君之提案单独提交总会，而总会竟给予采纳。富井君于起草委员会上如此极力维持草案，而一旦提交总会，富井君则虚心接受全体委员之批评，亦欣然接纳反对意见。

上述二君之态度，虽有天壤之别，然亦各有道理。梅君于起草委员会中慎重调查，以求最妥当之方案，一旦满怀信心提交，必会坚守信念，尽力维持之。因此，总会上之议事，自然周密严谨，利害得失之考究亦细致至极，故寸步不让，死守草案。而富井君之想法，起草委员会乃制作草案之所，故人人可充分主张并坚持其信念，然一旦草案交付全体委员审查，则个人主张仅供众议之参考，法案需依全体委员意见而定。故起草之际，草案乃个人责任，可据理力争，然总会议事乃共同责任，须从众议，亦极为有理也。

余尝与委员中某博士语，曰："委员总会之梅君乃一猛虎，而于起草委员会中，则温和若猫。有一词为‘内辨庆’①（在家猛如虎），梅君可称为‘外辨庆’也。”该博士答曰：“梅君乃真辨庆也。”

日本“民法三杰”之富井政章（1858～1935年）

① 辨庆：日本镰仓时期高僧，武艺高超，是源义经家臣。后世用“辨庆”指代强者，“内辨庆”意为在家庭中有威严而对外谦卑之人。——译注

日本“民法三杰”之梅谦次郎（1860～1910年）

九七、 法典执行延期战

（一）法典争议

明治二十三年（1890）及明治二十五年（1892），我邦法学家间曾有两度事关法典执行与延期之激烈论战。此论战于我邦立法史及法学史上，颇具意义，故在此略述梗概。

所谓争论，乃围绕商法民法两大法典之可否执行而起。两大法典即明治二十三年三月二十七日公布、二十四年一月一日起执行之商法，与明治二十三年三月二十七日及同年十月六日两度公布、明治二十六年一月一日起执行之民法。争论一方认为，此两大法典中有重大缺陷，必须延期执行并修改；另一方则认为，两大法典中非但无上述缺陷，且目前当务之急，乃如期执行之。

关于上述争论，当时英国法之学者几乎为延期派，而法国法之学者则为执行派，故为说明此延期战之真相，需先讲述商法民法编纂经过，以及当时我邦之法学教育状况。

（二）民法商法之编纂

明治维新后，政府实行诸多改革，同时亦锐意着手诸法典之制定。此番作为，原因有二，一是因维新后政事上之改革、国情民俗之剧烈变化而起，二则因自古诸藩旧法及各地习惯大相径庭，亟须统一。然而促其成功之关键要因，则为当时众人热切企盼尽早修改原有条约，撤销治外法权，然修改条约之条件之一，即为制定法典。

民法编纂起始于明治三年（1870），太政官内设制度调查局，箕作麟祥博士奉命翻译法国民法。明治八年（1875），民法编纂委员奉命初编民法，至明治十一年（1878）四月，草案脱稿，然几乎为法国民法之翻版。至明治十二年（1879），政府进而命法国人博瓦·索纳德教授起草民法草案，明治二十三年（1890），民法颁布，其内容之多数，实出自博瓦教授之手。

明治十四年（1881），政府于太政官中设商法编纂委员，并命德国赫尔曼·洛爱斯莱博士起草商法草案。历时两年，商法草案脱稿，其后，于调查委员会中几经易稿，最后经元老院之决议，于明治二十三年三月二十七日获天皇恩准，翌年一月一日起执行。

（三）法律学派

彼时，我邦之法学教育初始于明治五年（1872），司法省之明法寮始招法学学生，教授法国法。帝国大学前身之东京开成学校紧随其后，于明治七年（1874）亦开始教授英国法。此乃我邦法学家分属两派之端绪。之后，明治十七年（1884），司法省学校归文部省管辖，暂定为东京法学校，翌年，与东京大学法学部合并，成为法国法学部。明治十九年（1886），帝国大学令颁布，翌年法科大学中亦设德国法科。故上文所提之法典颁布之时，司法省学校毕业之法国法之学者与帝国大学毕业之英国法之学者为多数，同时，民间亦有以英国法为主之东京法学院（现今中央大学之前身）、东京专门学校（现今早稻田大学之前身）等，以及教授法国法的明治法律学校（现今明治大学之前身）、和法法律学校（现今法政大学之前身）等，校际间相互对峙，亦多有毕业生参与其中。

当时之法学教育各方割据，帝国大学之法科大学有英、法、德三系，私立学校中，英国法有东京法学院与东京专门学校，法国法中有明治法律学校与和法法律学校，因德国法之学者为数尚少，故延期问题产生之时，我邦法学家分为英、法两大派。

（四）延期战之起因

在上述情况下，法国人编纂之民法与德国人编纂之商法公之于众，且商法乃内含规定千条有余之大法典，颁布后仅过八个月，便要面向无法律常识之商者执行，自然引发骚动。

宪法实施、帝国议会召开已迫在眉睫，然政府依然迫不及待颁布两大法典，虽可见其重宪法、轻议会之倾向，但实则法典编纂乃撤销治外法权之条件，若于帝国议会上附议之，则恐夜长梦多。

然而，第一帝国议会于明治二十三年（1890）十一月召开，与民法商法之颁布同年，且商法之执行日，与议会召开仅时隔短短一月，执行或延期，遂成为第一帝国议会亟待解决之头等问题。此前，由帝国大学毕业生组织之法学士会听闻，政府争分夺秒编纂法典、意欲于帝国议会召开前颁布民法商法，遂于明治二十二年（1889）春季之总会上，全会一致同意，发表法典编纂相关之意见书，且决议将该意见上陈至内阁大臣及枢密院议长处。该意见书痛论法典速成急施之非，并成导火线，引发法学家间就法典可否颁布、执行一事之激烈争论。英、法两阵营旗帜鲜明，英国法之学者皆主张延期论，而法国法之学者则为执行摇旗呐喊。唯独富井、木下两博士，虽为法国派，却大唱延期之调，其超然之态，大放异彩。余当时著有《法典论》，亦将法学士会之意见书全文收录其中。

（五）商法延期战

法典颁布前，争论已现，然法典既已颁布，且执行日期亦迫在眉睫，故英国法之学者于第一帝国议会上，极力阻止其执行，向众议院提交法案，要求将商法之执行延期至明治二十六年（1893）一月一日，即延期至民法执行之日。此番提议，即为法典执行延期论之宣战，英国法一派以东京法学院为据点摩拳擦掌，而法国法一派则以明治法律学校为据点虎视眈眈，双方全力劝诱两院议员，或递交意见书，或上门游说，或指使商工会及其他实业团体上交请愿书。另一方面，政府大力协助执行派之行动，报纸、社论、杂志等媒体亦各自援助盟友，双方法学家亦于各地竭力演说、争取声援，总之，敌我双方作战，丝毫不敢有所倦怠。至十二月十五日议案表决前夜，双方皆士气激昂，甚至发生威胁议员之事。众议院于十二月十五日、十六日审议延期一事，延期派之英国法学者中，元田肇、冈山兼吉、大谷木备一郎等为法学院派，其余关直彦、末松谦澄等亦为主要提议者。执行派之法国法学者中，井上正一、宫城浩藏、末松三郎等为最有力之论者。众议院之战场上，两军交战结果，延期说之赞成者一百八十九人，而执行说赞成者六十七人，延期派首战告捷。

众议院通过之商法延期执行之法案移交至贵族院，十二月二十日进行附议，当时余亦与加藤弘之博士等人加入延期论阵营中。贵族院中亦激论两日，延期说以一百零四人赞同对执行派六十二人赞同，大胜而归。因此，同年法律第一百零八号将商法执行期限延迟至明治二十六年一月一日，与民法执行同日。

（六）民法延期战

既成法典之执行延期战，延期军取得商法之胜利，然而亦只延期至与民法执行同日，故执行派必于两年后卷土重来，以期一雪会稽之耻。而延期派既已首战告捷，意欲乘胜追击，推迟民法之执行，令既成法典悉数作废，重新编纂新民法与商法。因此英、法两派间杀气弥漫，颇有“山雨欲来风满楼”之势。果不其然，明治二十五年（1892）春，江木衷、奥田义人、土方宁、冈山辉彦、穗积八束诸位博士，与松野贞一郎、伊藤悌次、中桥德五郎等法学院派之法学家十一人，联名发表《法典执行延期意见》。上述意见书要求将翌年一月一日执行之民法延期，徐而改之，文中所列七条延期理由，乃彻底攻击民法之文字，其措辞之激烈，从题目可窥见一斑。

——新法典坏乱伦常。

——新法典减缩宪法之命令权。

——新法典有违预算原理。

——新法典欠缺国家思想。

——新法典扰乱社会之经济。

——新法典动摇税法之根本。

——新法典以威力强行学理。

针对该宣战书，明治法律学校派之岸本辰雄、熊野敏三、矶部四郎、本野一郎诸位博士，以及宫城浩藏、杉村虎一、城数马等人联名发表《法典坚决执行意见》一文，措辞更为猛烈。该意见书之行文亦模仿延期意见书：

——法典延期执行紊乱国家秩序。

——法典延期执行招致伦理之破颓。

——法典延期执行有害国家主权，丧失独立国之实。

——法典延期执行有害宪法之实施。

——法典延期执行抛弃立法权，将其委之裁判官。

——法典延期执行完全无法保护各人权利。

——法典延期执行令争讼纷乱丛起。

——法典延期执行令各人丧失安心立命之途。

——法典延期执行搅乱国家之经济。

寥寥数字之题目，即可想象其内容。文中大呼延期论者为“痴人”“狂人”“祸害国家者”，文末处亦振振有词：“唯怪当是时竟有敢反抗法典执行之人，此辈终归为于不法不理之惯习下弄奸邪曲策者，咄！何等猾徒！”

上述两份意见书乃两军对战最初之群体攻击，其后，双方皆大量发表意见书、辩驳书，派发议员、法学家等人，不分伯仲。梅谦次郎博士、高木丰三博士等人组织之明法会会员、当时尚为法科大学法国部学生之若槻礼次郎、荒井贤太郎、入江良之、冈村司、织田万、安达峰一郎等人，以及东京府百余名律师亦发表执行意见书。而延期派中，花井卓藏等年轻一辈亦积极执笔起草延期论。当时，余亦撰文，从法理简单论述民法之主要缺陷，送至延期派事务所，请求添入意见书中。然事务所将其退回，曰：“先生言之有理，然当下非常时期，此文收效甚微，不予采用，敬请原谅。”余恍然大悟，双方意见书争论驳击，言辞激烈，此时指摘法典之法理缺陷，好比白刃相交之时求助军师，余亦觉迂阔也。胜利之关键，乃议员云集之处，议会论战之时，得多数者胜。为此目的大有贡献者，乃延期派穗积八束之论文，题为《民法出，忠孝亡》，刊于《法学新报》第五号，听闻，此标题出自江木衷博士之意匠。双方威胁之句多如牛毛，然如此朗朗上口之警句，方具备支配群众心理之大效力。

双方酣战，终至明治二十五年五月十六日，《民法商法执行延期法案》率先提交至贵族院。草案内容如下：

> 明治二十三年三月法律第二十八号民法财产编、财产取得编、债权担保编、证据编、同年三月法律第三十二号商法、同年八月法律第五十九号商法实施条例、同年十月法律第九十七号法例、及第九十八号民法财产取得编、人事编，为修正之，延期至明治二十九年十二月三十一日施行。

相关讨论自二十六日持续至二十八日，正反双方争论颇为激烈，尤以二十七日下午为甚，会场人声鼎沸，喧嚷至极，议长蜂须贺茂韶不得不鸣铃以清会场。反对草案者中，有箕作麟祥博士、鸟尾小弥太等，而赞成者有加藤弘之博士、富井政章博士、村田保等人。第二读会[①]上，因延期派小泽武雄之提议，上述草案追加一条但书："但修正完毕者，虽在本文期限内，仍可执行之。"本案表决结果，支持延期者一百二十三人，支持实施者六十一人，延期派大获全胜。

六月三日，延期案自贵族院转至众议院，随后同月十

① 读会：读会制，议会的议案审议方法之一，为慎重起见而将审议分成几个阶段进行的制度。在日本，旧帝国议会采用三读会制，如今国会已无此制度。——译注

日于众议院附议，司法大臣田中不二麻吕子发表希望否决草案之演说，之后渡边又三郎、加藤政之助、宫城浩藏等人亦陈述反对草案之意见，安部井磐根、三崎龟之助对此发表演讲赞同草案。然讨论中途，山田东次、宫城浩藏等十人忽提交题为《民法中部分延期相关法律案》之修正案，内容为："明治二十三年法律第九十八号民法中人事编并财产取得编中第十三章及第十四章之执行延期至明治二十七年十二月三十一日。"此修正案乃执行派占据之最后战壕，只因延期派对人事编并财产取得编中之继承法攻击最为猛烈，故弃之以保大局。然大势所趋，如何逆转，修正说因多数反对而败，最终草案表决结果，延期赞成者一百五十二人，实施赞成者一百零七人，延期法案确认通过。

（七）战后之两学派

商法民法执行与延期修正之论战，过程大致如上，明治二十三年之商法延期战，可谓争霸天下之关原合战，随后必然引发明治二十五年之民法商法延期战，恰如大坂之阵。天下大势虽因关原一战既定，然大坂之卷土重来亦无可避免。大坂之阵后，方才大势归一。

依上文所述，延期战看似因英法两派竞争而引发学派之争，然争议之原因，乃两派所持之根本学说存有差异，其实质为自然法派与历史派之争论。法国法派自古相信自然法学说，坚持法之原则超越时间与地域，任何国家、任何时候，皆该依据同一根本原理编纂法典。历史派看重国民性与时代，而博瓦教授起草之法典乃以自然法学说为基础，必然招致反对。故此争论之性质，与同世纪初德国萨维尼（Savigny）与蒂堡特（Thibaut）之法典争议毫无差异。当是时延期与执行之争论颇为激烈，如今观之，亦有相当幼稚之事，然争论之根本，乃因所信学说之差异而引发堂堂君子之争，故争议一旦尘埃落定，两派便前嫌尽释，携手投入法典之编纂，同心协力为我同胞制定良法，其心堪比光风霁月也。

九八、 萨维尼与蒂堡特之法典争议

如上文所述，十九世纪末之我邦法典执行延期战，其性质酷似同世纪初德国萨维尼与蒂堡特之法典争议。

十九世纪初，德国诸邦国遭受拿破仑铁蹄蹂躏，独立殆失。当是时，德国学者与政治家感慨时局，多倡导民族统一（Volkseinheit）、复兴德国。其内容为：我日耳曼民族，建国于欧洲大陆中央，为何常遭他国侵略，动辄动摇国之独立基础？岂非因诸邦割据、民族欠缺共同一致之故？为此，将来我等固守独立之唯一良策，乃极大发挥民族思想、争取日耳曼民族独立。

1814年，拿破仑莱比锡战败，溃走法国，当时，海德堡大学教授蒂堡特（Thibaut）见德军经由该市进军法国，大为欢喜，认为德国统一独立之机来临，立即奋笔疾书，酣畅淋漓论述德国复兴之策，短短两周，便公发一文。该文题为《论统一民法对德意志之必要性》(Ueber die Nothwendigkeit eines allgemeinen buergerlichen Rechts fuer Deutschland)，此文乃日后赫赫有名之法典争议之发端。蒂堡特认为，为使日耳曼民族统一、内计国民进步、外防敌军侵略，须先制定德国统一适用之民法法典，全民栖息于同一法律下，享有同一权利。即法律统一方能民族统一。蒂堡特之说极大鼓舞当时之学者、政治家，一时间，众人皆赞同法律统一乃德国复兴最为恰当之策。

然而，当时柏林大学教授萨维尼针对蒂堡特之文，发表《论立法与法学之当代使命》(Beruf unserer Zeit fuer Gesetzgebung und Rechtswissenschaft. 1814）一文，反驳蒂堡特之法典编纂论。其要领为：法乃发展之产物，绝非制定之物。一国之法，恰如国民之国语，一国国民不可依大字典之编纂而造国民之语言，因此，无论何国国民，皆不可单纯通过制定一般法典而创制国民一般权利。法律乃国民精神（Volksgeist）之体现，尤其诞生自国民权利之确信(Rechtsueberzeugung)。法乃国民之支体，而非衣物。故不可如蒂堡特所言，花数年“缝制”法典，而后披挂上身。我民族若欲实现法律统一，须先统一日耳曼民族之权利确信。单纯通过一般法典之编纂以达目的，恰似缘木求鱼，不如退而结网，大兴法学，以明确国民精神，循序渐进，统一民族之权利思想。

总而言之，蒂堡特相信自然法学说，认为法乃万世不变、万国普遍之物，故法典无论何时何地皆可制定。而萨维尼与此相反，认为法具备国民性、发展性。两者之法典争议，其原始起因虽为政治争论，然追根溯源，两者之根据，乃为学理论，故萨维尼乃德国历史法学派之鼻祖。

因萨维尼之反对论，蒂堡特之法典编纂论最后不了了之。然而，蒂堡特之言论亦对历史有所促进，尔后，德国民族统一运动日渐兴盛，法典争议发生半个世纪后，德意志帝国崛起，其间法学亦进步显著，民法等各类法典逐一编纂问世，最终达成两人理想之“一民、一国、一法”(Ein Volk，ein Reich，ein Recht)。

萨维尼与蒂堡特之法典争议，无论其学理上之论据、争论之成败，抑或最后完结于法典编纂，悉数酷似我邦法典延期战。延期战后，两派握手言和，同为法典编纂竭尽全力。而萨维尼与蒂堡特两大家，想必半世纪后，亦于九泉之下冰释前嫌矣。

安东·弗里德里希·尤斯图斯·蒂堡特（1772～1840年）

弗里德里希·卡尔·冯·萨维尼（1779～1861年）

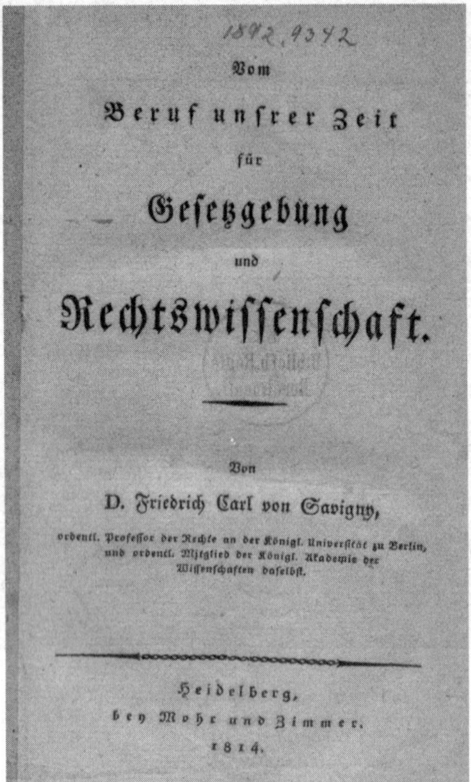

Vom

Beruf unsrer Zeit

für

Gesetzgebung

und

Rechtswissenschaft.

Von

D. Friedrich Carl von Savigny,

ordentl. Professor der Rechte an der Königl. Universität zu Berlin, und ordentl. Mitglied der Königl. Akademie der Wissenschaften daselbst.

Heidelberg,

bey Mohr und Zimmer.

1814.

《论立法与法学之当代使命》初版书影

九九、 民法编纂

明治二十三年（1890）公布之法例、民法及商法经过激烈争论，最终依据学理、实际考量，因其欠缺极多，且不合我邦国俗民情，故延期以作修正，明治二十五年（1892）十一月法律第八号发布，执行延期至明治二十九年十二月三十一日。此公告写道，翌年三月，内阁将设法典调查会，伊藤总理大臣出任总裁，故伊藤公先将副总裁西园寺公望，以及委员箕作麟祥博士等数位法学家召至永田町官邸，咨询大体方针。当是时，余奉伊藤总裁之命，提交法典调查相关方针意见书，大致分为如下几点：（一）民法之修正，应为根本修改；（二）法典体裁应采用潘德克吞体系（Pandekten System），依据萨克森民法之编别；（三）编纂方法为分别起草、合议定案；（四）主查委员中设起草委员、整理委员，起草委员每人负责一编，可同时兼负总则与法例；（五）起草委员各配有助理委员；（六）委员中除各学派外，应另有律师、实业家加入；（七）议案应一分为三：事务相关议案、大体方针相关议案，以及法规正文议案。

民法延期仅为三年，短短三年内，我等须提交草案，且全部民法须根本修改，势必只得分工合作，故效仿德国民法之例，一编设一名起草委员，依据总会制定之方针、与各起草委员协定之方法制作草案，之后，择选头脑锐利明晰、心思细密之委员担任整理委员，负责协调整理各起草委员所立之草案。然而，富井博士对此早有先见之明，认为民法之起草及议定无法在三年内完成，遂对分担起草案提出修正意见，提议依照共同起草之方法，令三名起草委员协议立案，为使法典之主义、体裁、文章用语连贯一致，法典编纂不可操之过急，若有必要，亦可申请再延期。伊藤总裁采纳其意见，命富井、梅谦次郎及老朽三人为起草委员，同时任命仁井田益太郎、仁保龟松、松波仁一郎三位博士为民法起草之助理委员，山田三良博士为法例起草之助理委员。

自明治二十六年（1893）五月十二日至二十八年年末，历经一百五十八次会议，民法草案之总则、物权及债权三编审议完毕，于二十九年（1896）一月提交第九次帝国议会，追加法规一条并稍加修正，便通过表决，于同年四月，以法律第八十九号形式公布上述三编法规。

然而，法典延期截止于明治二十九年之末日，故同年帝国议会上，议定一年半之再延期法案，于十二月二十九日以法律第九十四号形式公布之。

民法剩余之亲属编与继承编，自明治二十八年（1895）九月十四日起，历经六十九次会议审议完毕，于三十年（1897）十二月提交第十一次帝国议会。故民法整体审议通过前后，经历二百二十七次会议。在此之前，法典调查会为着手商法编纂、任命起草委员，特召回当时客居欧洲之冈野敬次郎博士，命其与梅博士、田部芳博士共担起草之任，其草案历经一百三十二次会议后审议完毕，与民法亲属编、继承编同时提交议会。然而，因众议院解散，两案均无上达帝国议会审议，于翌年即三十一年（1898）再次提交第十二次帝国议会，商法不幸再次因众议院解散而止步于贵族院之议定，而法例、民法第四编、第五编以及附属法则两院通过，民法剩余两编于明治三十一年六月二十一日，以法律第九号形式公示于众。

一百、 法谚

谚语，源自生活，言简意赅，可谓“民智之粹”（A proverb is condensed popular wisdom）。故只言片语中蕴含深远哲理之句不在少数。有文称“谚语乃神之声也”（Proverbs are the language of the gods），莫若“民之声”（vox populi）更为贴切，依民性不同，谚语之种类、性质亦千差万别。举例而言，西洋之法律相关谚语数不胜数，而日本则少之又少。西洋诸国之法，乃源自民众、自治发展之物，进而形成“民族法”，因此法谚自然盛行于民间。而东洋则相反，法乃神造之物，抑或君王制定，不容人民置喙，故民间无法产生法谚。

西洋法谚类别有二：一是流行于专家间之“法谚”（Rechtssprichwörter），又称“法律格言”（legal maxims）；二是法律相关之俚谚，两者皆数量众多。例如，1857 年，慕尼黑大学悬赏募集流行于十三世纪及十四世纪之法谚，其后在巴伐利亚国王马克西米利安二世（Maximilian II）保护下，并在伯伦知理（Bluntschli）与康纳德·莫勒（Konrad Maurer）两大家之监督下，将当选者艾多拉德·格拉夫（Eduard Graf）与马赛厄斯·迪特赫尔（Mathias Dietherr）之原稿合二为一，由帝国学士院出版，名为《德国法谚》（Deutsche Rechtssprichwörter）。书中载法谚三千六百九十八条，由此可见西洋法谚数量之庞大。然而，书中法谚皆为法学或法术上之格言，将法律原则以谚体短句呈现，并非盛行于民间之法律俚谚。如今将此类格言式法谚列举如下：

Ignorantia juris non excusat.

不知法不免责。

Abus n'est pas coutume.

陋习非习俗。

Gesetz muss Gesetz brechen.

以法破法。

The king never dies.

国王不死。

此类法谚通常亦出现于法律书籍中，法学家皆熟知其中紧要之句，故此处仅略举一二例。

第二类法谚即俚谚，亦为数众多。此类谚语并非表述法学或法术上之原则，亦非何人所作，乃自然流传于民间之短句，抑或是圣贤之语化为俚谚，既有至理名言，亦有诙谐讽刺之句。如今列举若干广为传诵之各国俚谚英译文。

一、一般法律

For the upright there are no laws.（德国）

法不约束正直者。

Strict law is often great injustice.

(Summum jus，summa injuria.)（西塞罗之语）

法之极，即不法之极。

类似本邦之“过犹不及”。

Like king，like law；like law，like people.（葡萄牙）

君正则法正；法正则民正。

Laws are not made for the good.（苏格拉底之语）

法不为善人而立。

Laws were made for the rogue.（意大利）

法为恶人而存在。

Nothing is law that is not reason.［法官鲍威尔

(Powell) 之语]

无理不成法律。

二、法律效力

Better no law than law not enforced. (丹麦)

法若不可执行，不如无法。

He who makes a law should keep it. (西班牙)

立法者须守法。

New laws, new roguery. (德国)

新法生新罪。

The more laws, the more offenders. (德国)

法多则贼亦多。

When law ends, tyranny begins. (英国)

法终则虐政始。

The law has a nose of wax; one can twist it as the will. (德国)

法若蜡制品，众人皆可拧。

The law helps those who help themselves. (德国)

法救自救者。

Law cannot persuade where it cannot punish. (英国)

不可罚之法亦不可信服。

三、审判

Justice is never angry.（本·琼森）

正义永不发怒。

A person ought not to be a judge in his own cause.（英国）

勿当自己事件之法官。

No one is a good judge in his own cause.

无人可于自己事件中当一好法官。

Don't hear one and judge two.

勿听一判二。

（类似“不可听片言而判案”）

Judges should have two ears both alike.（德国）

法官两耳须一致。

（类似“耳听双方以下判决”。《史记》中亦有“凡听讼，必须两辞，以定是非，偏信一言折狱者，乃吏职之短才也”）

Well to judge depends on well to hear.（意大利）

善听讼者善问。

You cannot judge of the wine by the barrel.（英国）

不可望杯论酒。

Justice oft leans to the side where the purse hangs. (丹麦)

正义之秤倾向有财之人。

Law's delay. (莎士比亚)

法之迟延。

(同“公事三年”)

四、诉讼

No man may be both accuser and judge. (普鲁塔克)

无人可兼任原告与法官。

Possession is nine points of the law. (英国)

占有者占上风。

Possession is as good as a title. (英国)

占有等同于所有。

By lawsuit no one has become rich. (德国)

诉讼无法致富。

Fond of lawsuits, little wealth; fond of doctors little health. (英国)

好诉讼者少财，好求医者少命。

Lawsuits make the parties lean, the lawyers fat. (德国)

诉讼饱律师，饿当事人。

（同“公事诉讼肥律师”）

五、刑法与犯罪

Better ten guilty escape than one innocent suffer.（英国）

宁可十人逃脱，不可一人含冤。

（同“与其杀不辜，宁失不经”）

Little thieves have iron chains，great thieves gold ones. （荷兰）

小盗得铁索，大盗得金锁。

（同“窃财者盗，窃国者王”）

Petty crimes are punished，great，rewarded.（本·琼森）

小罪罚，大罪赏。

（同“窃钩者诛，窃国者为诸侯”）

Successful crime is called virtue. （塞内加）

恶行成功称美德。

Opportunity makes the thief. （英国）

疏忽招盗贼。

The hole invites the thief. （英国）

粗心招盗贼。

Set a thief to catch a thief. （英国）

以贼抓贼。

Show me a liar and I will show you a thief. （英国）

偷窃始于说谎。

All are not thieves whom the dogs bark at. （德国）

遭犬吠者绝非皆为贼。

A thief thinks every man steals. （丹麦）

贼人眼中，人人为贼。

He that steals can hide. （英国）

贼可偷，亦可藏。

You are a fool to steal, if you can't conceal. （英国）

不知隐藏之贼人乃蠢人。

No receiver, no thief. （英国）

无窝主，无盗贼。

六、律师

Lawyers are men who hire out their words and anger. （马歇尔）

律师者，出借言语与愤怒之人也。

A good lawyer is a bad neighbour. （英国）

好律师，坏邻居。

The more lawyers, the more processes. （英国）

律师多，诉讼多。

Fools and obstinate men make lawyers rich.（英国）

律师之财来自傻瓜与固执之人。

Lawyers' houses are built of fools' heads.（英国）

律师之家宅，傻瓜之贡献。

He who is his own lawyer has a fool for his client.（英国）

唯有傻瓜为自己当辩护律师。

律师相关谚语比比皆是，然多为外行虚构之恶言，恰如本邦川柳多诋毁医者一般。然唯独最后一句谚语例外，且有桩趣闻轶事。

有一知名律师，名克里夫（Cleave），一日成为被告，为自己辩护，最后辩辞之开场白为："阁下，在下如今既为当事人，又是辩护律师，唯恐如谚语中所言：He who acts as his own counsel has a fool for his client（唯有傻瓜为自己当辩护律师）……"

审判长林赫斯特法官（Lord Lyndhurst）适时打断，曰："克里夫先生，请勿担忧，该谚语乃汝等律师所作也。"

跋

正值本书第三版刊印之际，余对诸位阅读本书第一版且不吝赐教之友人深表谢意，尤为感激男爵菊池大麓博士、织田万博士及船山晔智君之好意。本书得以订正第一版中几多误记误植，皆拜上述三位所赐。中田薰博士于《国家学会杂志》详谈本书所记之“母法”“子法”，言之谆谆，余甚为感激。窃以为“母法”“子法”一语乃吾新创，且于圣路易斯万国学术大会比较法学部演讲上，将其英译为“Parental Law”“Mother Law”“Filial Law”。然据中田博士指教，德国有学者早于吾辈使用该词，余得知后，为己之孤陋寡闻而深感惭愧。故本版得以更正误谬、修改该词新创相关之文字，全仰赖中田博士之高教。勿论，德语中“Mutterrecht”“Tochterrecht”乃母法、子法恰当之熟语，然而并未作为学术用语为人熟知，尤其“Mutterrecht”一词，出自1861年巴霍芬（J. J. Bachofen）之名著《母权论》（Das Mutterrecht），此后，该词成为母权制之学术语言，被社会学者、法律学者广而使用，余竟不知还可用作其他意义，甚为羞愧。

此事恰与本书第三十五话中所记之误信事件遥相呼应。而且，近日余亦发现另一先存事件，便是第五十七话“统计学”之译名。余尝记一事于书中，太政官中设有政表课，且津田真道先生尝用“政表学”一词。冈松径亦记，《统计集志》上之译词“政表”乃杉享二先生所选，文书中初见该词，应为明治三年（1870）杉享二先生提交民部省之报告。然而，近日余闲逛古书店时，偶寻《万国政表》一书。该书出版于万延元年（1860），乃冈本博卿①翻译荷兰人P. A. de Jong之书“Statistische tafel van alle landen der aarde”，内有“福泽子围阅”字样。子围乃福泽谕吉先生年少时之别号，先生至晚年，便不愿效仿中国人表字或表号，虽偶用“雪池”一名，亦不过闲来雅趣，然而先生当年自号“子围”，有汉学者流派之风。据该书“凡例”所记，起初乃福泽先生着手翻译，然“译稿未及半，忽行美利坚，因命约续译……兹待先生荣归乞点阅。”由此可

---

① 冈本博卿：又名冈本约、古川节藏，福泽谕吉的学生，日本近代教育的奠基人之一，庆应义塾大学首任校长。下文所言“命约续译”中的“约”即指此人。——译注

见，译词“政表”多半乃福泽先生赴美前，即安政年间（1854～1859年）新创之词。总而言之，冈本博卿于万延元年使用“政表”，较之杉先生之报告，显然提早十年出版使用该译词之书。

学术史上，类似事件并不罕见。最常见之事，乃新发现、新学说同时或先后异地出现，且两者间毫无任何因果关系。德国康德（Immanuel Kant）、法国拉普拉斯（Laplace）、英国赫瑟尔（Herschel）先后提出太阳系起源之星云说，起初三国争相邀功，然过后亦证实三方皆为独立之创见。再如第四十二话所记，海王星之发现，乃法国勒威耶夜观星象，发现天王星轨道有异，遂预言在天际数万里之外，必有一大行星，其引力波及天王星之轨迹，遂测定出海王星之位置。在英国，亚当斯（Adams）几乎同时发表相似意见。根据该推测，德国伽勒博士（Dr. Galle）、英国查理士教授（Prof. Challis）先后发现该行星（海王星），故英法两国争夺理论测定之功劳，而英德两国于事实发现上亦寸步不让，沸沸扬扬一场，最终亦明了，任何一方皆为独立完成之事业。甚至于数学微分法之牛顿与莱布尼茨，进化论基础——自然淘汰原理之达尔文与华莱士，皆为先后有所发现、发明，抑或提出新说，且互无干涉，此类事件层出不穷，不胜枚举。因此，学者独立研究出学说或有所发现后，便立即认定其为第一创见，实乃极为危险之事。

世间难寻纯粹之独立创见。海王星之发现亦如此，数学、力学、星学，以及望远镜制作等，皆已进步至可发现海王星之程度，方才出现两位星象学者同时独立做出同一推测、同一发现，令两国民众疯狂争夺二十八亿英里之外一天体。故学者须谨言慎行，不可因一己之说而草率断言此乃最新创见。同时，针对他人之学说，亦须避免盲目决断，“前事乃后事之因，后事乃前事之果”乃伦理学中误谬论法之典型范例。鉴于著书、草文时常陷入此类误谬，故在此记之以自戒。

大正五年五月五日

陈重　追记

穗积家族与《法窗夜话》

福岛正夫

前言

《法窗夜话》的作者，乃明治、大正年间法学界泰斗穗积陈重先生。他在公务与研究之余，写下了许多与法学相关的小品文。此乃先生工作之余的消遣，亦是他本身“低徊趣味”①（重远之语）的产物。先生的文学创作年头已久，可一直追溯到明治一零年代的留学时期。当初并非为出版而写，日积月累，先生遂将所写之文以简洁的现代文体改写，择取百话，于1916年（大正五年）一月出版。

付梓之意，听闻乃八九年前长男重远的提议，当是时

① 低徊趣味：日本近代文学大师夏目漱石（1867～1916年）在评价东洋诗时的用语，即以旁观者的宽容来体会人生的态度。——译注

重远还是东京帝国大学法科大学的学生，个中缘由，重远已在本书序言中详述。父若在世，所作之书由子来写序，本是异例，然从本书的诞生来看，应是先生命子写序，以此说明自己的趣旨。当时已是助理教授的重远远赴德、法、英留学，在归国前夕，从伦敦将原稿寄回。序言行文优雅，特地强调本书虽为法律故事，但妙趣横生，绝不枯燥。

但从实质内容来看，《法窗夜话》可称为世界上最独特的法学书籍。书中故事，乃广义的法学，话题包罗万象。全书洋溢着学者之气，奇话珍谈，娓娓道来，令人读来毫不费力。内有先生呕心沥血之作，亦有信笔写就之文，各含深意。法学书籍中，本书独一无二。

作为先生的私人助手，植木直一郎博士也为本书创作竭尽全力。植木博士曾写道：

> 《法窗夜话》有百话，长短不一，亦庄亦谐，百态百趣，兼顾趣味与实利，乃老先生四十年积水成渊之作。其中不乏先生信手拈来、一气呵成之妙文，而杂搜博引、几度推敲删改之佳作亦不在少数。总而言之，《法窗夜话》是老先生苦心推敲之心血，异于寻常随笔。
>
> （《续法窗夜话》所收之《〈法窗夜话〉之记事》）

诚如博士所言，百话虽涉猎广泛，但悉数与先生的法学研究和经验相关。明治初期，先生留学欧洲，归国后于法科大学执教多年，参与了国家重要的立法事业，其文笔中自然渗透出对法学的理念、思想与体验。而先生对此仅淡然地解释为“出于兴趣”。

在先生的诸多著作中，本书因通俗易懂与生动有趣而广受好评，格外畅销。初版当年已发行三版，并加入了部分重要修正与跋文。先生逝世后，本书依然畅销，1936年（昭和十一年）已出到第十三版。战后，先生令孙重行氏为普及该书，于河出书店出版《法窗夜话》文库本。此次收入岩波文库之际，以先生生前最终版为底本，虽无再录重行氏之解说，但本解说文中多处引用其文字。

在此书复刻之际，感谢早稻田大学佐藤笃士教授（专攻罗马法）、神奈川大学吉井苍生夫助理教授（专攻日本法制史）大力协助，完成注释，[①] 且多方关照。汉文资料之读法，得到小口彦早大助理教授（专攻中国法制史）的指教。本书中的英译文，出自可视为先生令孙之人——原元子氏之手。此外，词汇调查上得到立花绿氏的大力协助。

---

① 原书复刻版添加之注释，主要服务于日本读者，内容过于琐碎，鉴此，中译本并未将其译出，而通过增补中文读者更易理解的大量“译注”，期求达致异曲同工之效。——译注

关于穗积陈重

明治维新的十二年前，1856年（安政二年）七月，在远离江户的伊予宇和岛藩家，本书作者穗积陈重诞生。祖父重磨、父亲重树皆为本居派的国学者，本居国学可谓是家学。《法律进化论》中大量引用本居宣长的言论，本书中亦多处可见引用。

先生在双亲严格的家庭教育下成长，天资聪颖，就读藩校的明伦校①，亦是藩主世子的伴读，学习汉学与武术。在本书中可窥见先生卓越的国学、汉学素养，便是彼时所养成。

维新后，朝廷为学习洋学，从诸藩选拔贡进生②，宇和岛藩推荐优等生穗积陈重。先生的法学之路就此注定。1871年（明治四年）一月，十六岁的穗积陈重进入大学南校（后改称开成学校），在法学部（专修英学）学习。文部省设有海外留学制度，先生为第二批留学生，于1876年（明治九年）途经美国前往英国求学。先生于《英行纪事》

---

① 明伦校：也称“明伦馆”，是宇和岛藩的藩校，宽延元年（1748）设立，当时称为“内德馆”，宽政六年（1794）改名“敷教馆”，文政二年（1819）改名“明伦馆”。——译注

② 贡进生：日本于1870年（明治三年）开始设置称为“贡进生制度”的人才培养制度，由各藩推荐优秀学生进入大学南校就读，这些学生称为贡进生。——译注

中写道，初次在宾馆乘坐电梯时大惊失色，随后玩心大起，竟来回上下多次。

先生的精神发生翻天覆地的变化，是因为他碰巧于达尔文、赫胥黎、斯宾塞出版划时代新著之时抵达伦敦。达尔文的进化论震撼了全球的思想界，当时求学英国的日本留学生亦对此极大关注，而先生尤为特殊。同行的樱井锭二（物理学者、后成为帝国学士院院长）回忆道，先生曾于明治十年左右“对我们说过，将以法律进化的调查研究作为毕生事业”（《学士会月报》第四八五号穗积男爵追悼号），先生的学术命运于此时便已注定。

先生在伦敦先后就读于剑桥大学国王学院、中殿律师学院，两年半后奔赴德国，在柏林大学学习一年有余。在英国对先生影响深远之人，首推英国历史法学鼻祖、《古代法》作者亨利·萨姆那·梅因（1822～1888年）。其名言“从身份到契约”，常被先生引用。第二位则是约翰·奥斯丁（1790～1859年），他开创分析法学，并与德国法学亦有联系。伟大法学家杰里米·边沁（1749～1832年）也被先生所强烈关注。

转学德国后，先生在递交文部大臣的呈报书上，显示出对德国各邦私法典编纂的关心。先生对学者卡尔·冯·萨维尼的学说格外推崇，萨维尼乃德国历史法学鼻祖，亦是法典论战的关键人物。

在英德留学五年后，收获颇丰的先生于1881年（明治十四年）六月归国，立即在东京大学法学部任讲师，翌年二月，年仅26岁便被评为教授，担任法学部长。之前的法学课堂皆用外文教授，先生首开日文授课的先河。所教科目，先是英国法各学科、罗马法等，此后集中在法学通论、法理学上，也教授比较法。之后于明治三十五年，在法理学演习课上，以《社会主义与法律》为题，命学生牧野英一、上杉慎吉、小川乡太郎、雉本朗造等人展示。

再往上追溯，先生一生最重要的是明治民法的制定。明治政府在维新不久后，命江藤新平根据法国民法编纂日本民法，司法省于1879年（明治十二年）委任御用法国学者博瓦·索纳德起草民法草案。此后历经曲折，所谓的博瓦·索纳德民法与洛爱斯莱商法于国会开设前的1890年（明治二十三年）四月公布。然而，此前英国法体系的学者强烈反对该民、商两法，先生为了以理论支持反对运动，同年三月发表《法典论》。但先生的本质立场，与一般的反对理论不同，他主张，为了制定近代民法典，其编制方式不应依据古老的法国民法，而应参照德国方式。

轰动朝野的法典争议，最终执行派败北，1890年、1892年议会通过商法、民法的执行延期法案（议员提出）。为重新制定两法，1893年（明治二十六年）四月，法典调查会成立，首相伊藤博文为总裁，穗积先生与同僚富井、梅两位教授被任命为民法起草委员。五年后，草案经过法典调查会审议，在议会获得通过，于 1898 年（明治三十一年）七月实施所谓明治民法。

明治民法实施后，先生分别于 1899 年、1904 年（明治三十二年、三十七年）两度以民法为议题在国际会议上进行报告，此乃日本法学史上值得大书一笔之事件。前者为罗马第十二次国际东方学者会议，题目为《祖先祭祀与日本法律》，后者为美国圣路易斯万国学术大会，题目为《作为比较法研究资料的新日本民法典》，两次报告均得到各国与会者的极大关注。

大学授课与法典起草使先生分身无术，然而他最热切之心愿，则是完成当年在伦敦的誓言。1907 年（明治四十一年）秋天开始，先生曾两年被免于开设法理学讲座。听闻乃因先生苦于无暇完成《法律进化论》而表明辞意，校长与同僚教授全力挽留才出此下策。当年先生曾感叹道："若不能发表此研究结果，吾死不瞑目。"（《法学协会杂志》第二十六卷第十号）然而先生并不能如愿从事研究，1911 年（明治四十五年），五十五岁的穗积先生以在职逾三十年为由，离开了东京帝国大学。

辞去大学职务的先生虽一意要完成《法律进化论》，却鲜有自由的时间。1916 年（大正五年），先生被任命为枢密顾问官，1919 年被推选为临时法制审议会总裁。政府为面对“一战”后社会形势变化而采取法制改革，特别设置此审议会，处理民法修改和陪审法、信托法、选举法修改等事宜，而先生亦功不可没（福岛正夫编《穗积陈重博士与明治大正时期的立法事业》，昭和四十二年）。

另外，先生早在1896年（明治二十九年）被推选为东京学士会院（学士院前身）会员，1906年（明治三十九年）当选帝国学术院第一部长，1917年（大正六年）成为该院院长。在职八年，先生作为院长频繁活跃于国际舞台，功绩赫赫。

1925年（大正十四年）三月，先生任枢密院副议长，同年十月，前任议长滨尾新辞世，先生继任，然而不久之后，翌年1926年四月初患病，手执《法律进化论》第三册原稿逝世。

从世俗角度看，先生一生受上天无比眷顾。倾注先生毕生心血的明治民法，至今仍发挥效力。先生门下，无论政界还是学界，皆人才辈出。他达到了学者官僚的最高地位，其子嗣亦成为卓越的民法学者，先生终生赢得天下尊敬。

然而，作为一代学者，却全然不同。虽有无数丰功伟绩，但终生课题《法律进化论》不仅未完，甚至还未进入体现真正价值的核心阶段，先生必然感到深深挫折。为完成此巨著，先生雄心万丈，描绘着巨大的蓝图，然却满腔遗憾地撒手西归。

继任枢密院议长之时，先生亲笔写下牛顿之语“By always thinking unto them”，将其立于桌上，作为座右铭。重远曾问起此座右铭，先生说道：“吾五十年来常思法律进化论。然五十年之所思，却不过出版六卷计划中之一卷二册，实在愧对先哲。不料如今不才之身却被委以大任，虽再三推辞，却身不由己。……最终担此一职，自然尽微力而奉公，却也不敢忘记研究著述之素志。”（《著者穗积陈重》，载《改造》第九卷一~二号，昭和二年）

明治、大正年间，先生的诸多成就对法学界意义重大，此乃不争之事实。然而，先生的终生大业却无继承与发展之望。“二战”期间，在所谓天皇制法西斯时代，先生被极右翼蓑田胸喜骂为“国贼小野塚（喜平次）、吉野（作造）之流的元凶”（前文所提之穗积重行氏解说），此番言论自然不值一谈，除此之外，至今对先生的评价仍众说纷纭。

关于先生的研究，请参照穗积重行《明治十年代德国法的接受——东京大学法学部与穗积陈重》、稻田正次编《明治国家形成过程的研究》、1960年3月拙稿《穗积陈重的比较法与社会主义法研究》（《早大比较法研究所创立二十周年纪念演讲集》，1979年3月）、拙稿《兄弟穗积博士与家族制度——明治民法的制定》（《法学协会杂志》第九十六卷第九号，1979 年 9 月)。

法学世家——谈重远博士

穗积陈重先生乃宇和岛藩士穗积重树之二子（长子为藩候的家臣)，小四岁的三子穗积八束亦是法学家，于帝国大学法科大学担任教授，终生讲授宪法学，而陈重先生专攻法理学，穗积兄弟二人在明治年间的法学界享有很高声誉。陈重先生与涩泽荣一长女歌子夫人共育有四男二女，长子重远亦成为法科大学教授。

兄弟、父子皆为东京帝国大学的法学教授，穗积家族堪称法学世家。其中不乏一些趣谈。穗积兄弟均与明治民法的制定大有关系，两人皆反对博瓦·索纳德民法，在为全面修订民法而设置的法典调查会中，八束为审定委员。然而，两人在家族法上却存有意见分歧，对于兄长等人起草之草案，弟弟完全不满意，同时对完成的民法亦公开发表反对意见。虽然两人意见相左，但兄弟之情依旧深厚。

穗积父子间的亲情与《法窗夜话》的问世密切相关，故在此详谈。重远在父亲的法理课上听讲，深受学术影响。1908 年（明治四十一年)，重远从法科大学毕业后，于 1912 年秋天远渡德法英留学三年有余。归国后即成教授，与筧克彦教授共同承担已离职的父亲的讲座。但是重远本身更喜好民法，因此，于 1918 年（大正七年)，改为开设民法讲座。自第一堂课起，平野义太郎、中川善之助两博士便来听讲学习。

翌年，临时法制审议会成立（父亲为总裁），重远作为干事（后为委员）参与其中。他的一贯立场就是法的社会作用以及身份法近代化之必要，并以此对抗赶潮流的淳风美俗派。在《民法亲属编改正之纲要》（1925 年）中，他的意见被大量采纳。在《虐待儿童防止法》的制定上，他功不可没，此外也必须一提，他乃战后不久便成立的家庭法院的创始人。重远于 1943 年（昭和十八年）退休，于东大逝世。

重远苦心整理父亲的遗稿，并刊印发行，本书的续编便是一例，对重远而言，这是个很大的工程。陈重先生逝世的翌年，《法律进化论》（第三册）出版，此后，至 1931 年（昭和六年）为止的四年间，继续以《法律进化论丛》为题，出版四册系列丛书，至 1934 年（昭和九年），《穗积陈重遗文集》四册亦问世。以上书籍合计九册，多达四千两百页。重远为每册书所作之序言，乃研究陈重先生必不可少之资料。

这项工程的完结，便是 1936 年（昭和十一年）出版的《续法窗夜话》。书中序言曾提到，目前仅余《隐居论》的增订重版工作，然遗憾的是并未实现。

重远博士为发表父亲的遗稿，不辞辛劳（植木直一郎博士亦功不可没)，父子关系之亲密，世间无双。

《法律进化论》与《法窗夜话》

提起穗积陈重先生，必然要言及他毕生未完之大作《法律进化论》。当然，除此之外，先生著述甚丰，皆为必传之作。《法律进化论》与本书颇有渊源，故在此简述其概略，以示两者间之关联。

首先，先生之写作蓝图为何？在《法律进化论》第一册的总论中，有简单叙述。据总论所载，《法律进化论》分为法原论与法势论两部分，前者探究法现象发生之状态，后者研究法现象变迁之规律。法原论又细分为原形论、原质论、原力论三部分。

法势论内容的初次涉及，是在先生逝世后出版的第三册序言中。因下文将自第一部追溯起，故将其合并叙述。

第一部法原论中，原形论论究法律以何种形态发生，原质论论究何种规范为法律的元质，原力论论究何种社会力如何成为法律。

第二部法势论中，发达论论述法的内因进化，即法的进化基于人种、民性、地势、政体、宗教、德教、舆论等法境中自发内在的原因。继受论论述法的外因进化，即以与外民接触为起因之外法的模仿、选择，以及外国学说对立法、审判之影响。统一论论述法的世界的进化，即法随文化之进步而拥有世界化倾向，各国国民必受其本国固有法与世界共通法的支配。

重远博士建议，将法原论与法势论视为水源与水势，则更易区分两者差别。陈重先生之宏伟计划，乃前者三卷、后者三卷，共六卷，每卷两册，合计十二册。然而，实际出版的只有三册，其中前两册是在先生逝世前的1924年7月出版，为第一部上卷的原形论。中卷原质论的前半稿乃先生于病榻上推敲完成，但终未成册，其遗稿由重远博士苦心整理后，于1927年（昭和二年）二月出版，此为第三册。

《法律进化论》的出版在计划的初期阶段便中断了，而且同样遗憾的是，全部构想除了标题有所体现外，再无明文提示。虽然如此，构想本身便已令人兴趣盎然，即便未能整卷尽览，其作为作者考察之心血结晶，就已值得瞩目。

先生留给世人之构想，便是未能出版的第二部法势论中“发达论”“继受论”和“统一论”这三卷。先生所说之“法现象变迁之规律”，正是广义的法律发展的理论，自然亦涉及现代乃至将来。前二者的内容，虽然作为《法律进化论》的稿子并未完成，然而在先生其他论文中均有不同程度的体现，《法窗夜话》中亦可窥见一二。《动植物之责任》（第二十五话）便是其中一例，为刑法进化论之系列，之后在《复仇与法律》中得到归纳总结。此类内容应归类为“发达论”。至于“继受论”，先生的法理学讲义曾正面涉及过，圣路易斯国际会议上，先生的报告便是“继受论”相关内容。最后的“统一论”带有世界法论的性质，从思想上看，可将其视为田中耕太郎《世界法的理论》之先驱。

若要论及《法窗夜话》与《法律进化论》的关系，自然要将《续法窗夜话》一并包含在内。重远博士曾于论文中提道：“完整的法律进化论不易问世，而局部的法律进化论却已逐步出现。”并一一开列父亲早于《法律进化论》完成的著作，其中便有《法窗夜话》，同时说明：“虽然是部通俗的法律杂话集，却有不少与法律进化相关之事。”虽无大量涉及，但也数量可观，尤其到《续法窗夜话》中，后五十话的内容，则是重远直接改编自《法律进化论》。

由于已出版的《法律进化论》只有第一部《原形论》两册、《原质论》前一册，因此《法窗夜话》的材料亦大多为古代的法律资料。但是，《法律进化论》无论是从其整体构想还是从既已出版的部分来看，若只视其为着眼于古代趣味之著作的话，那便大错特错。

我们来看看《法律进化论》第三册的总论，先生比较了法国革命、俄国十月革命和明治维新，三者皆与土地所有制革命下的变革相关。这样的观点，在既刊本中俯拾皆是，请勿遗漏。

先生从不懈怠对世界法律的现状及将来的关注，早在著书之前既已开始。1904年（明治三十七年），先生主持的法理研究会举行纪念法国民法百年的典礼，典礼上的演讲收录在翌年的《法兰西民法百年纪念论集》中。先生以《法兰西民法之将来》为题，论述该古老民法得以在现在及将来维持生命力的原因便是调和力。此番言论作为自由法说的理论，在《法律进化论》第一册中亦曾提及。

在《法窗夜话》中，有一篇讲“一战”中英国的《军器法》（第八十七话）。先生于彼时既已留意法律的变动，先生的学生、曾担任内务大臣的水野练太郎曾谈及此事，可为凭证。

> 先生近来潜心研究欧罗巴大战之结果，即思想上的变化将带动法制变化，去岁（大正十四年——福岛注），本人登门拜访时，先生特与我谈论所有权与宪法间之关系。先生说起日本宪法第二十七条的所有权相关规定（日本臣民之所有权不可侵犯）与民法所有权的定义，自制定当时之事起，直说到欧洲战后所有权的思想发生变化。先生还特地从书斋中拿出一本德国人所著之新书，

示意我看其论文中的一节，告诉我有如此如此的变化。……并且还叮嘱我，此人的著作值得研究，若有空暇，应多多阅读。

（《学士会月报》第四八五号穗积男爵追悼号）

先生所言，多半是“一战”后制定的1919年魏玛宪法中划时代的规定：“所有权伴随义务。其行使，应同时有益于公共福祉。”（第一五三条第三款）文中的德国书名虽无法确定，但从先生持书指教学生来看，便可知先生自身从不松懈。

先生深受达尔文进化论的影响，进而筹划《法律进化论》，虽未完而终，但其研究包含的观点之广却无可否认。因此，批判先生“简单地将生物学上的原则用于社会科学之举，乃根本之误谬”（团藤重光：《法学入门》，昭和四十七年）等言论，完全无法令人信服。此外，穗积重行氏于河出书店出版的《法窗夜话》解说中，指出《法律进化论》中诸概念有其时代局限，即便所言极是，倘若因此以一概全，从整体将其视为失败之作，则极为不妥，故此结论仍有待商榷。

本书之起源

本书问世前之经纬常为大家所津津乐道，在本书的重远序文、《续法窗夜话》的重远前言，以及此书卷末附录的植木直一郎博士《〈法窗夜话〉记事》中均有文字记载。而且本书诸话之缘由的文章，《法学协会杂志》（以下简称《法协》）中亦刊登若干篇。

因此，我将“夜话”下笔之由来与问世之经过区别开，参照《法协》之文章，从前者开始谈起。

根据植木博士的文章记载，陈重先生在英德留学期间(明治九年至十四年)，“利用学习之余，出于兴趣，写些随笔小文，其草稿仍保存至今”。归国后先生依然笔耕不辍，其中有七篇文章收录在明治十八年及二十五年的《法协》上。

《法协》的1885年（明治十八年）七月十八日第十七号杂录栏中，刊登先生一文，题为《不公平的陪审官》，自然为极其古风的文体。此文为《续法窗夜话》第二十四话之源，但作为发表之物，该文章乃第一篇。

七年之后，1892年（明治二十五年）七月发行的《法协》第十卷第七号刊登《一、帕比尼安执节不屈》《二、边沁听布莱克斯通之演讲》两篇文章，同年八月发行的《法协》同卷第八号刊登《三、莱布尼茨乃法学革命之预言家》《四、命悬一线之提议权》，紧接着同年十月的《法协》第十号刊登《五、克伦之法术》，同年十一月《法协》第十一号刊登《六、读奥斯丁夫人所写法理学序言而不落泪者不为学者》。彼时，先生使用“法斋主人”“法斋隐士”的笔名，在“漫笔”栏中推出《法窗杂话》。上述文章，分别对应《法窗夜话》第一话、第六十八话、第六十六话、第七十三话、第三十四话以及第六十五话。

先生原为《法协》之创始者，因此在初期文章数量上，先生自然拔得头筹。上述文章从内容上看，多与罗马法和英国法相关，可见先生彼时于大学中以此作为教学内容。想必先生的即兴之作，原是为学生参考用，才刊登在《法协》上。至于法律进化论及法制史相关的小品文，是否亦早已动笔，便不得而知了。

在此特为一提的是，与早期所写的本书“原型”相比，本书有了长足发展，无论内容还是文体，皆有体现。由此可见先生之尽心竭力。在内容上，先生为出版而特地添加新资料，以求充实。而在文体上，亦把原先的文语体①改为近代语体，②此番修改，乃源自先生之信念。重远曾说过，“父亲晚年使用白话文……法律进化论一开始便以白话文写作”，之后介绍父亲之语：

古代川柳有言：“女仆之文，恰如话语”。此

① 文语体：日本以平安时代的语法为基础的文章语文。谓语部分与现代日语不同，用“なり”、“けり”结尾。——译注

② 近代语体：日本在明治20年代兴起“言文一致活动”，推行口语和书面语一致的文体，代表语体有“である”体、“だ”体、“です”体。穗积陈重在《法窗夜话》中使用的语体便是“である”体。——译注

> 句虽是川柳惯例，乃嘲笑女仆之意，然而倘若真能“恰如话语”般书写信件，则善莫大焉，此乃文章之极致，之理想。吾愿吾之作能得以传诵不绝，亦愿吾之所思能得人善解。如此一来，必得书之“恰如话语”。据实而言，吾自认此举甚难，虽难矣，但今后吾定知难而进，用心学习。

请诸位注意，此番言论出自一位学究之口。作为具体事例，我引用上述《法协》第十一号第六话中关于奥斯丁夫人莎拉的部分文字。

> 奥斯汀夫人身为女子，亦非法学中人，能成此大业，唯有归功于夫人之深情。法理学之著述，乃奥斯丁之毕生事业，寝食间实难忘之，燕居榻边、桌案之侧，常以法理语之夫人，并以此为无上之乐，而夫人亦欣然听之。法理之说，寻常女子阅之味同嚼蜡，夫人却兴味盎然，时或伴读理稿，以助一二。至夫离世，夫人校订遗稿，读之恰如与良人对坐欢语，或以亲爱之情察其思想之断续、通纷乱错杂之原稿之脉络，或以亲爱之眼读他人难读之文，千辛万苦，力疾从事，两卷千余页之巨著竟得以付梓，为良人于法学界立一万

> 世不朽之无形丰碑，摘得近世分析法理学始祖之桂冠。夫人所题之序，以无限感慨追叙良人之生涯，述其信道之笃、志学之深。又自辩不过区区一妇人，亦非专家，不料却担此重任，滔滔数千言，敬慕之情，悲伤之意，句句发自肺腑，其贞操义胆，令人不禁阅而泪垂。盖绝世名文，可匹敌诸葛武侯之出师表也。

这是本书第六十五话之（部分）原形，措辞古奥。[①]先生为此佐以新材料，改为更流畅之白话文。

此外，《法协》第三十四卷一号连续数页刊登先生（时任法理研究会会长）于大正四年十一月的一篇演讲概要（时任助手、后任法学部教授的末弘严太郎记录），题为《法理政治相关术语之由来》，便是本书第四十八话及五十九话之原型。

根据上述植木博士之文记载，本书手稿之绝大部分选自现成的百余篇文章，然而临近出版之时，先生执笔完成了《汉谟拉比法典》《法典执行延期战》《萨维尼与蒂堡特之法典争议》《民法编纂》《法谚》等大小数篇文章，合并为一百话。书中可见先生整理编辑之痕迹。

---

① 日语原文中，穗积陈重使用的是文语体。——译注

先生将多年笔耕之作集册出版，题为《法窗夜话》，个中原委，本书的重远序言中已如实记叙。这是重远博士大学时期与父亲每晚十点夜谈的回忆。身为法学教授的父亲为他讲述“法律史上的轶事、珍谈、古代法律中的奇妙规则、惯习、法学家的逸事以及如大岗裁决等奇珍异闻”，完全不同于孩提时代的桃太郎、大江山等童话，重远不愿听之即忘，便提笔记下，并以此为契机，建议父亲将这些杂话收录成书，父亲欣然同意。重远留学之后，先生令田中秀英氏与植木氏记录口述之文，自己亦亲笔写作，万般准备只为出版，而期间，数年光阴已匆匆流过。

饱含法学世家父子情之夜话，终成《法窗夜话》而问世。二十年后，《续法窗夜话》出版时，重远再次追忆了这段往事。

《法窗夜话》 的意义

本书序言中，重远于文末写道：“法律与道德宗教并列为人生之大法则，倘若人生并非索然无味，则法律故事亦如是。父亲出版此杂谈集，兴许就是要洗刷法律枯燥无趣之冤名。”然而本书亦如重远博士所言，为“局部法律进化论”之一。本书的出版，确实花费光阴数载、辛劳无数，先生赋予每篇小品文法学研究的意义，这点不容置疑。

将本书与先生的《法理学讲义》对照阅读后，便可发现两者关系意外地紧密。在讲义中系统阐述之文字，在本书中则成为一个个故事。大学教授的讲义与研究本就密不可分，先生的研究风格自成一体，素来不喜形而上学的思索，而是奉行经验主义、实证主义，通过事实寻求规律，这种做法，与本书这样的短文集颇为融洽。

从实质上讲，本书并非信笔而书之随笔，更应称之为周密考查、精推细敲之小论文集。对一般读者而言，本书多有初闻乍见之事，是先生在研究时从各类出典中一一搜罗而来。虽然包罗万象，但仍是广义上之法学，并未脱离其范畴。所谓“广义”，正如先生于《法律进化论》第一册总论中所写，其研究与法学相邻各学科皆有关系。“将各民族各时代之已知法律现象作为资料，并借人类学、考古学、社会学、心理学、史学、语言学等学科之力，以探求进化之规律。”从中可知，先生的作品涉及的对象，在时代、法律现象种类上极其庞大。诸位可参照各话之注解。

（1）法学家之理念

陈重先生向来秉持法学家之理念。先生并非康德那样的法律绝对价值观论者，但却认为法学家之最高使命，是对无视法律者主张法之权威。而且先生作为法学家，真心敬重非凡理论的创作者，亦将其视为理想。

相关故事于本书中比比皆是。开卷第一话，便是伟大的罗马法学家帕比尼安在暴君面前为坚守法律而牺牲自己的悲剧。此外，苏格拉底崇高、悲壮的离世故事亦如是。先生特别倾力描写的学者有两人，分别是荷兰的格劳秀斯、英国的奥斯丁，然而先生亦同时刻画了两位学者的夫人玛利亚和莎拉为丈夫无私奉献，堪称催泪力作。

（2）立法论

本书自然亦论述了法律之应有姿态。但由于先生作为明治民法等大量重要立法之当事人，因此，先生对此类问题的关注包含了更为切实之内容。而且先生自有一套独到的陈述方式，从古今东西诸多历史实例中引出经验教训。远有古希腊和罗马法、春秋时代的中国法，近有“一战”中的英国法令，而为数不少的幕府及诸藩之法亦如此。故事的启示中偶见先生之短评，颇有趣味。

（3）法术

“法术”一词，乃先生独特之用语。明治三十年代初的《法理学讲义》上便有一章名为“法学与法术”。先生视两者同等必要，而过去中国、日本皆无包含法术之法学。所谓法术，即依据对事物的深度判断和经验，有效使用法律的技术。先生身前十分重视法术，本书中亦有《克伦之法术》（第三十四话），而且先生对审判技术深表兴趣，十分敬佩知名法官大冈忠相等人（第三十九话等）。

（4）古代法故事与法律进化论

本书引人注目的一点，便是涉及了希腊、罗马以及从克里特岛到北欧各国的古代法与习俗，例如公元前2000年巴比伦的《汉谟拉比法典》(第四十二话)。此类故事并非来自先生之兴趣，而是与《法律进化论》相关。

因此，此类故事中时常可见先生的理论考察。第二十五话《动植物之责任》便是一例，先生陈述了自己的刑法进化说。虽然先生对刑法进化的论述早已有之，但本话之内容更有推进，批判了刑法理论中的绝对主义论和相对主义论，引入了“种族保存性”的心理作用。

(5) 日本法学的近代化和民法编纂

西欧法学思想传入日本是在幕府末期至明治维新期间，而彼时日本并无近代法学。在法学根植日本的时期，最为出类拔萃之人，便是陈重先生。先生曾几次谈及这个时期所积累的经验，而本书中与此相关的故事堪称弥足珍贵。这些文章乃先生特地为传后世而悉心整理之作。第四十八话后连续几篇皆为此类型。

同时先生于书中记录了亲自参与的民法编纂之始末，第九十六话后便是。虽叹其记叙之简单，然却是无可争议的重要记录。

以上文字是笔者仅就所忆之事择二三记之，亦可从其他方面做出评价。就《夜话》之精神而言，作者似乎是取其并非艰涩难懂之意，然而正是这些“夜话”，使本书成为先生的名作之一。

译后记

身处高校教授法学，每每面对学生的荐书请求，似乎皆会面临如此困境：要么囿于当下关照法学基础认知之培养与法律意识之塑造的适读著作着实太少，为免误人子弟，自感近乎无书可荐；要么碍于尊严抑或面子而只得貌似道德正确般地随手鼓捣出一堆公认的然可能大多连自己亦未曾涉猎过的“高大上”政治学、社会学以及历史学经典著作，堂而皇之地加以塞责，至于初涉学门、知识结构极不健全的法科学子对之能否消化以及消化几何，那就只有天知、地知、鬼知、他知了。所谓的“全赖个人的修为、悟性与造化”，如此这般的一句相当科学的废话，恰可聊慰“指路之人”原本不应平静的内心。

其实，这或许根本不是一个问题。毕竟中国大陆法学的真正起步不过区区二十余载，如此青涩的基础，足使我们在臧否相关人事时，抱持同情式的理解与宽容，较之刚性的苛责与无语境的攀比，更能切中实态之肯綮；毕竟我们以及更具说明意义的我们的上一代，在学术原始资本积累过程中，对于阅读对象之选择，与其说是受教于老师的系统指导与理性规训，毋宁说更多地往往只是在盲人摸象、跟着感觉走、胡乱翻书的天真懵懂与被动试错状态中渐趋成就的自我觉悟与自我完成，而在此之后的“反向知识回填”以及可能达致的“融会贯通”，使得所有这一切都如此之自然，自然得无懈可击。

然而，倘若超越学人偏狭的个性化阅读体认，而将研判立基的广度置于法学教育及其所承载的国民法律意识之培育，并将其深度置于法学启蒙对单一个体未来之成长所具有之奠基意义，那么这似乎仍是一个问题。甚至可以说，在这个以知识、准知识以及假知识之名呈现的纯粹认识加速度地膨胀、扩散、爆炸，造就“乱花渐欲迷人眼”之迷局，而大多数的我们却早已自我放逐出传统阅读套路，转而借助“微体验”、“浅阅读”来获得鸡零狗碎之认知以追求感官刺激与存在感的“小时代”，这的的确确就是一个问题。职是之故，本书之出版，便意在通过自身绵薄心力有效回应此等问题，而吾人抱持之最大期许就是打造一本可堪称为最适合推荐给当下法科学子阅读之著作，当然，没有之一。在连续出版七八本译著，边际效应早已递减至无以复加之程度，而本人却一反常态重作冯妇、率尔操觚完成此译事之根源，端在于此。

这是由顶尖法学大师写就的一本貌似小书的大书。在译校过程中，印象最深之观感有三，亦可被归为本书之基本特色：其一，所谓“文以载道”，纵观全书，不难看出，穗积先生虽以短小法律故事为载体，然却微言大义，穿插其间的评论字里行间无不蕴含身为学者其所欲并终身践行的为人为学之态度，即便常年身居政府要枢，士人本色亦难有丝毫更易，较之现今一入官门，认知、思维甚至格局皆不足观之某些学人，恰成鲜明对照。穗积先生生活的时代，正是我国清末民初革故鼎新之大时代，那个时代文人的风骨以及由此滋养出来的道德文章，足使我等后进者鉴。其二，明治时代的日本，继受西方先进法制以求早日“脱亚入欧”，乃时代所迫之重大政治命题，然作为此等议程设定者与主要执行者的穗积陈重，在这本“言为心声”的大书中，并未对“法”这一社会文化现象做自我东方主义式的本质化偏狭理解，笃定西方之法才是真正意义之“法”，而更多地秉持“取法人际，天道归一”之主体性判断，来对东西古今之法等量齐观，从中抽绎共通演进之规律，以服务于民族国家法治之整体建构。现今，在根深蒂固的西方话语霸权与吾国画地为牢式的法学教学模式双重强化之下，多数学人以及由此而来的多数学子内在倾向于对“法”、“法治”、“民主”、“人权”甚至“宪政”抱持一种原教旨主义式的理解，且由此业已引发诸多理解问题与近乎难以调和的立场之争，或许，此书的阅读，可望在法观念之启蒙这一基础认知层面，为读者（特别是年轻学子）提供某些裨益于成就中正平和之判断的全景化启示。其三，无论篇章编排还是阐述次序，无不彰显著者寓教于悦的良苦用心。引人入胜与耐人寻味，可谓本书最为出彩之处：经过咀嚼、品味与沉思，润物细无声般地达致塑造国民法观念与法意识之终极效果，真正之法学经典，莫过于此。

在撰写此书时，穗积先生改采近代语体（类同“五四”时代的白话汉语），以求确保最大范围之受众，遂使文句表达极为明确精练，铿锵有力，每篇阅毕，当有酣畅漓淋之感。有鉴于此，在翻译时，为尽可能保持原有滋味，充分彰显原著者扎实的汉文功底，本中译本仍采此等语体译出，而非径直转译为清汤寡水般的现代白话。此外，结合原著各篇之主题内容，本人额外增配了近八十幅精美插图，这些插图乃历经半年之久借助诸多友人之力分别从日本、荷兰、美国等国搜集而来，在提升译本可读性之同时，此举意在最大限度成就其内在之认受性。

本中译本之所以能最终问世，坦率而言，不惟译者之付出，而更端赖诸师友在翻译过程中的鼎力襄助使然。首先，最大谢忱敬献于华东政法大学何勤华教授、香港大学陈弘毅教授，两位先生不辞辛劳，为此书撰写推荐语，此等难得之信任与无私奖掖之深情，足令我终身感念。其次，衷心感谢我的荷兰友人 Jolanda van Eekelen 小姐与中国社会科学院法研所周维明博士：前者助我顺利处理牵涉格劳秀斯的两处荷兰人名的回译问题，后者则帮我完满解答关涉《格尔蒂法典》一处希腊文地名的理解疑难。虽看似皆为细微小事，然面对问题，对于上穷碧落下黄泉，诸方着力皆无法获解的译者而言，此等借力无疑是难得之厚赐。最后且最有必要指出的是，与两年前《复仇与法律》一书的分工基本类似，鉴于本人日文能力暂时有限，成就本书的翻译工作之大部皆由曾玉婷女士独自完成，而我仅承担部分文稿的初译、事后的校对审核、剪裁润色以及查缺补漏等辅助工作。当然，既然共同署名为本书译者，但凡因误译、多译和漏译所产生的任何理解问题，皆理应由我们连带承担。

在学术起步与成长的人生历程中，笔者深受清华大学法学院高鸿钧教授、台湾政治大学法律学院苏永钦教授、厦门大学法学院徐国栋教授、上海交通大学凯原法学院韩长印教授、北京大学法学院强世功教授、华东政法大学法律学院李秀清教授、中国社会科学院法研所刘作翔教授、中国政法大学比较法学院柳经纬教授、四川大学法学院顾培东教授、复旦大学法学院王志强教授等诸师长指点、提携与教诲，一如既往，谨此亦对他们的辛勤付出与殷切关爱表达最诚挚之谢忱！同样，对于雅婷、刘捷、佳妍、豫珠、宪功、郑涛等同学在过去半年中的通力协助，亦当致以相同程度之感谢。在共同成长的岁月中，你们的坚守、真诚与不俗表现，让我切身体认四年讲台生涯最大价值之所在。最后然却最为重要的是，衷心感谢法律出版社易明群编辑，六年之中的第二次合作，你及你所属编辑团队所表现出的超凡职业素养，更令我印象深刻，感佩非常。

一如既往然却最能表达心声的老套结语：译事不易，如鱼饮水，冷暖自知，内中辛酸诚不足为外人道也。鉴于学力有限，虽经多次校对审核，本译本仍不可避免地可能出现疏漏与偏差，谨此尚祈读者诸君不吝批评指正为是，我们将不胜感激（weileijie99@126.com）。

魏磊杰谨识

二零一五年六月十七日黄昏

草就于厦门大学法学院

图书在版编目(CIP)数据

法窗夜话 / (日)穗积陈重著;曾玉婷,魏磊杰译.
—北京:法律出版社,2015.6(2022.2 重印)
ISBN 978-7-5118-7959-2

Ⅰ.①法… Ⅱ.①穗…②曾…③魏… Ⅲ.①法律-文化-研究-日本 Ⅳ.①D909.313

中国版本图书馆CIP数据核字(2015)第099621号

法窗夜话
FA CHUANG YEHUA

作　　者：[日]穗积陈重
译　　者：曾玉婷　魏磊杰
责任编辑：易明群　黄倩倩
装帧设计：乔智炜
出版发行：法律出版社
编辑统筹：学术・对外出版分社
责任校对：王　丰
责任印制：陶　松
经　　销：新华书店
开　　本：A5
印　　张：10.625
字　　数：180千
版　　本：2015 年7 月第1版
印　　次：2022年2月第5次印刷
印　　刷：天津嘉恒印务有限公司
书　　号：ISBN 978-7-5118-7959-2
定　　价：68.00元

销售电话：010-83938349　客服电话：010-83938350　咨询电话：010-63939796
地　　址：北京市丰台区莲花池西里7号(100073)
网　　址：www.lawpress.com.cn
投稿邮箱：info@lawpress.com.cn
举报盗版邮箱：jbwq@lawpress.com.cn
凡购买本社图书，如有印装错误，我社负责退换。电话：010-83938349